I0471608

MAYOBANEX TORRES

¿ES TIEMPO
DE DOLARIZAR?

Una Propuesta Para América Latina y el Caribe

argos

PRIMERA EDICIÓN
ARGOS, mayo 2017

¿ES TIEMPO DE DOLARIZAR?
Una propuesta para América Latina y el Caribe

ISBN CreateSpace: 978-1546798798

Corrección de estilo y gramática
Guido Iguanzo
Jorge Sosa

Diagramación
Taller de Libros Argos
Ludwig S. Medina
Volker Lehr

Fotografía
Juan Martínez (Juanito)

Diseño de portada y contraportada
Rhina R. Torres Pezzoti

Editorial Argos
Santo Domingo, República Dominicana
Teléfono: (809) 482 4700
email: libros@mail.com

Edición al cuidado del autor

Impreso por Serigraf, S.A.

Queda hecho el depósito que previene la ley sobre derecho de autor. Los libros publicados por Editorial argos están impresos en la República Dominicana en papel libre de ácidos, y su proceso de impresión cumple con las exigencias requeridas por las asociaciones de bibliotecas norteamericanas y europeas para garantizar su permanencia y durabilidad.

Dedicatoria

Quiero dedicar este trabajo de manera muy especial a todos los hombres y mujeres que viven en nuestra América Latina y el Caribe, a quienes día a día se les "seca el cerebro de calcular" como decía mi Madre Doña Estela Veras (EPD), debido al engaño y a la burla con que les pagan sus jornales de trabajo en pesos; con diferentes nombres; pero todos desvaluados, mientras viven y se desenvuelven en sociedades donde los gastos del diario vivir son valorados en dólares. Todos son Economistas en la práctica ya que tienen que seguir sobreviviendo el día a día y cumplir con sus compromisos económicos.

Para todos ellos mi gran simpatía.

Reconocimiento

A nuestro amado padre, Dios, por darnos un lugar en su creación y permitirnos nacer en San José de las Matas; la continuación de su paraíso; en la isla de la Hispanola en la República Dominicana.

A ese gran ser, K Bito Gautreaux, quien fuera el primero en regalarme un libro sobre la dolarización y por el cual se encendió la chispa de interés sobre el tema.

A mi amigo Anastasio Silvestre, con quien discutí durante los años de nuestra maestría, todo lo que significaría el proceso de dolarización y sus posibles beneficios para América Latina y el Caribe.

Al Sr. Jorge Sosa, por sus correcciones gramaticales

A Don Guido Iguanzo, por su paciencia y sabiduría en la corrección de estilo de la obra.

Al Sr. Juan Martínez (Juanito), maestro de la fotografía por su apoyo incondicional al proyecto.

A mi hermano Rafael Torres Veras, por su tolerancia y discusiones al ser el primero en revisar todo el manuscrito primario de la obra.

A mi querido sobrino Helmut Lehr, por su paciencia, sabiduría y tiempos de discusiones dedicados a mí en sus vacaciones universitarias, para enriquecer el proyecto del libro.

A mi cuñado Volker Lehr, por todos sus consejos y análisis puntuales en cuanto a los temas en la obra.

A mi querida esposa, Susana Pezzotti, por comprenderme, amarme y darme apoyo en mis proyectos.

A mi querida hija Rhina, por su ayuda cibernética y la configuración de la portada del libro.

A mis queridos hijos educadores, Susy y Larry Berkowitz Torres, por sus consejos y orientación sobre el enfoque didáctico de la obra.

A mis hermanas Iris, Luisa, Rosario, Carlota, Rodolfa, y Quisquella por el apoyo que siempre me brindan

A mis amigos/hermanos Miguel Montalvo, Bienvenido Fajardo, Feliz Peguero, Frank Noboa y José Taveras por siempre soportarme cuando les ponía la Dolarización como tema obligado de conversación.

Gracias muchas, gracias de corazón

¿Es tiempo de dolarizar?

Perspectivas para América Latina y el Caribe (ALC)

Notas Previas del Autor

Sé que mucha gente se preguntará cómo un Doctor en Medicina se atreve a publicar un libro que trata sobre Economía. Pues les diré que, aunque no soy graduado de Economía de ningún Instituto o Universidad, es mi creencia que, en cada ser humano existe un Economista en potencia debido al comportamiento del día a día que nos lleva a estar envueltos en diferentes tipos de negociaciones, con lo cual cumplimos o tratamos de cumplir con nuestros compromisos económicos. Nuestras vidas se desarrollan en sociedades donde el *mercadeo* es parte de la orden del día y en cada momento estamos comprando y vendiendo, tomamos dinero prestado y pagamos, usamos los bancos comerciales y de ahorro, las cooperativas, las tarjetas de crédito etc. y trabajamos por un salario el cual tenemos que administrar para suplir nuestros compromisos y poder seguir viviendo. En sentido general siempre tratamos de economizar un poco de lo que ganamos para poder llegar a satisfacer nuestros sueños y metas y en la mayoría de los casos todos somos muy precavidos con nuestro dinero. Como decía mi madre Doña Estela Veras (EPD) "Se nos seca el cerebro de calcular". Nos convertimos en ECO-NOMISTAS sin tener que ir a la Universidad.

En mi preparación personal tuve la oportunidad de hacer una Maestría en Derecho Internacional y Diplomacia en la Universidad De La Tercera Edad, en Santo Domingo, República Dominicana, lo que me permitió, poder estudiar el desenvolvimiento económico de muchos países y seguir los movimientos y las variaciones que se dan en la *bolsa de valores*, las inversiones y los riesgos que se experimenta y que permiten que la Economía sea la principal actividad alrededor de la cual se desenvuelve el mundo y su estabilidad.

Es por esto que he creído importante continuar estudiando, investigando, escudriñando y tomando más conciencia sobre este tema que les voy a presentar, LA DO-LARIZACIÓN.

He aquí mis tres grandes objetivos al publicar este trabajo:

- Primero, creo que adoptar el proceso de dolarización puede ser de gran interés para la estabilidad económica de un gran número de los países que integran a *América Latina y el Caribe(ALC)* en su futuro a corto, mediano y largo plazo.

- Segundo, que podamos entender el proceso ya establecido en algunos países de la región y que estos ejerciten su *PRAXIS* (acción, critica, acción) para que traten de mantener el orden, el equilibrio y la estabilidad en su dolarización ya que además de vivir este nuevo proceso, también han sido expuestos y han tenido que ser partícipes obligados de la corriente de *globalización*, un fenómeno que ya no tiene marcha atrás, y

- Tercero y de forma muy especial quiero ofrecer un material organizado y de lectura fácil para que los hombres y las mujeres de todos los pueblos de ALC, quienes son los protagonistas en el campo de juego de la Economía diaria, puedan entender el sistema financiero en que se desenvuelven y en el que viven, **sociedades "semi-dolarizadas", "un engaño a la gente", en donde los salarios recibidos (p/e PESOS) están desvaluados con relación a sus gastos siempre valorados en DÓLARES.**

Mi intención es lograr que las personas del pueblo, los estudiantes y los profesionales de todas las ramas, incluyendo los economistas puedan contar con un material sencillo y organizado a través del cual se pueda seguir una trayectoria de estudio y entendimiento simple del tema "dolarización". Así, el lector podrá hurgar en las definiciones tradicionales que se han manejado con relación a la dolarización, estudiar las consideraciones básicas y enunciados propuestos de este proceso, su evolución, su trayectoria, las características socio económicas y políticas de los países que lo han adoptado, las experiencias pasadas y presentes de las economías envueltas, los diferentes *marcos de integración financiera regionales* que se desarrollan en la actualidad alrededor del proceso y, sobre todo, identificar claramente los riesgos, ventajas, requisitos, obstáculos y trayectoria en la implementación de esta nueva corriente de las experiencias latinoamericanas en Panamá, Ecuador, el Salvador y el proceso que ha vivido Argentina. Además, nos atrevimos a ser un análisis específico sobre las perspectivas posibles de la aproximación de dolarización en el caso de la República Dominicana, simplemente como ejemplo de lo que podría ser cualquier país del Caribe o de América Latina.

También presentaremos un resumen de nuestra investigación en cuanto a definir de una manera sistematizada, los pasos que consideramos se deberían llevar a cabo para poder implementar el proceso de dolarización tomando en consideración los aspectos técnicos que este conlleva.

Finalmente, es nuestro propósito que esta obra contribuya en alguna medida, a que en el futuro, grupos organizados en la sociedad tales como, los economistas, los partidos políticos y sus dirigentes, las asociaciones de empresas, los sindicatos, las universidades y la población en general, inicien círculos de estudios utilizando este material sobre "la dolarización" y que su entendimiento fortalezca la decisión de iniciar un nuevo proyecto económico en los países América Latina y del Caribe, que ayude a afianzar el crecimiento de estas sociedades y de sus habitantes para que se puedan igualar los estándares de la calidad de vida y la dignidad de sus ciudadanos, con aquellos países que ya han logrado o están en vía de lograr su desarrollo.

He aquí nuestro planteamiento: *"¿Es tiempo de dolarizar?" Perspectivas para América Latina y el Caribe.*

Dr. Mayobanex A. Torres Veras

Introducción

Si hacemos un estudio retrospectivo de las últimas décadas en nuestro desarrollo como nación y de la injerencia que diario recibimos de todo lo que signifique globalización, integración, nuevos modelos económicos etc. encontraremos en el primer plano de los sistemas económicos contemporáneos, palabras que se vienen mencionando insistentemente tales como: *crisis financiera global, volatilidad financiera, déficit fiscal, inflación, deflación, recesión, depresión...* que si bien nos causan cierto pánico, también nos obligan a actuar con prudencia y aprender nociones básicas de economía.

El diario golpear de estos vocablos nos ha llevado a preguntarnos ¿qué esta pasando con la economía mundial? La respuesta nos ha llegado de diferentes frentes y con diferentes lecturas. Una situación si ha sido cierta y es que, desde mediados de 1997 se originó una crisis monetaria en Tailandia, Indonesia y Corea del Sur, la cual luego evolucionó hacia una crisis financiera que más tarde se generalizó gracias a la situación actual de los mercados financieros globalizados o en vía de globalización y a la avanzada tecnología de las comunicaciones.

Al mirar la situación actual en forma superficial, muchos apresuradamente han culpado a la globalización financiera como la causante de esta crisis. Pero con una mirada más serena, profunda y amplia nos encontramos que esa turbulencia emergió de sistemas bancarios muy frágiles y mal gerenciados. Además, en muchos países en vías de desarrollo y en expansión, se han puesto de manifiesto criterios equivocados para manejar considerables sumas de capital. Existe una carencia de sólidos fundamentos democráticos, no hay transparencia en el manejo de la cosa pública y más que nada no existe una genuina economía de mercado. En fin, se han acumulado muchas fallas estructurales que finalmente han hecho metástasis y han traído la crisis económica y financiera a una gran parte de los países de Europa (UE) por ejemplo, Grecia, a los Estados Unidos de Norte América (2008) y sobre todo a los países de América Latina y el Caribe quienes en muchos casos han tenido que hacer prestamos compulsivos y ventas de *bonos* para poder cumplir con sus compromisos internos como país, aumentando así sus deudas externas a cifras astronómicas e impagables. Deudas para las futuras generaciones.

Ahora bien, como han señalado algunos analistas, la crisis económica internacional lo que nos señala es probablemente el inicio de una convicción ahora mundial, de que el camino son las políticas de *libre mercado,* sin una participación estatal regulatoria o, mucho menos, planificadora como la que hizo fracasar los llamados tigres asiáticos (Taiwán, Corea del Sur, Singapur y Hong Kong).

En este tiempo de los circuitos económicos productivos y financieros interconectados, se detectan con rapidez los desarrollos equivocados. Es así como viviendo esta delicada coyuntura se observa una gran confusión y en medio de ella, muy diversos posicionamientos de los gobiernos frente a la crisis de los *sistemas financieros integrados*. Hay quienes retroceden y vuelven a la senda del proteccionismo hasta quienes adoptan una postura prudente y proceden con sensatez para seguir el mejor camino.

Este recorrido en busca de soluciones reales traza pautas, en el ámbito general, hacia la necesidad de realizar serias reformas institucionales y dentro de un marco de Estado Democrático, debe crearse certidumbre para generar inversión, sea nacional o extranjera, y no solo de corto sino, sobre todo, de largo plazo y así recuperar la dinámica del crecimiento. Para ello las reglas de juego deben ser claras e inequívocas sin *acepción* alguna. Además, es tiempo de reevaluar las funciones de los organismos financieros internacionales, que con cierta actitud paternalista han fomentado finalmente, las irresponsabilidades en el ámbito de las economías nacionales de muchas naciones.

De lo que se trata, en todo caso, es de exigir a nuestros políticos que abandonen la fábrica de monedas, que dejen de jugar con el valor del dinero, que no puedan devaluar ni condenen a los ciudadanos a ver como su salario; **que es el único que no se mide con la vara del "dólar";** va perdiendo valor día tras día y que son los mas desfavorecidos siempre quienes pierden en situaciones de desplome de la moneda, y que les afecta en la capacidad misma de comer para sobrevivir y de alimentar a los suyos.

Es una verdad irrefutable el hecho de que cada vez más las crisis económicas afectan a un mayor número de países y, por ende, cada vez hay más necesidad de buscar soluciones comunes, integrándose comercial y monetariamente, creando zonas y bloques de comercio y suscribiendo tratados de integración en diferentes frentes.

TABLA 1

TRATADOS E INTEGRACIÓN YA EXISTENTES

- La Unión Europea, antigua Comunidad Económica Europea (CEE);
- La Asociación Europea de Libre Comercio (EFTA);
- El Acuerdo centroeuropeo de libre cambio (CEFTA);
- La Organización para la Cooperación y el Desarrollo Económico (OCDE), organismo que reúne a los 30 países más desarrollados del mundo;
- La ALADI (Asociación Latinoamérica de Integración que fomenta la cooperación y el desarrollo entre algunos países de América Latina y que reemplazo a la Asociación Latinoamericana de Libre Comercio (LAFTA)
- ASEAN que es la Asociación de las naciones de la región Sur Este de Asia que promueve la cooperación entre los gobiernos de la región y les ayuda en la facilitación de la integración económica de las naciones miembros con relación al mercado mundial
- El NAFTA que es el Tratado de Libre Comercio (TLC) entre Canadá, México y los Estados Unidos;

- El Mercado Común del Sur (MERCOSUR);
- Contin…
- La constitución de los Países ACP bajo la Convención de Lomé IV
- El Mercado Común del Caribe (CARICOM) y
- El Tratado de Libre Comercio Centro América y República Dominicana (CAFTA-RD).
- La Organización para la Cooperación y el Desarrollo Económico (OCDE);
- El ALCA (Área de Libre Comercio de las Américas en vía de conformación), a partir del cual se tratará de eliminar las barreras aduaneras entre los países del continente americano;
- La OPEP (la Organización de los países exportadores de petróleo) que representa la organización intergubernamental de 13 naciones debido a relevancia del petróleo en el comercio mundial
- Agadir y Comunidad Africana Oriental (CAO O CAE);
- Eurasia (Comunidad Económica Eurasiática (CEEA o EurAsEc)
- Oceanía el Foro de las Islas del Pacifico (PARTA).

Estas experiencias nos señalan que a raíz de la vigencia del *euro* se inició la conformación de una nueva arquitectura financiera mundial y que la globalización de los mercados ayudó a apuntalar esta nueva estructura. Es así como vemos que en Asia hubo un predominio del *yen japonés*, sin embargo, **Hong Kong,** el tercer mayor centro mundial de negociación de oro, se ha convertido en el **primero en ofrecer la negociación de oro en** *yuanes, la divisa china,* favoreciendo así la aspiración del gigante asiático de potenciar su moneda nacional. China dispone actualmente de unas 1.658 toneladas de oro, lo que representa un aumento de un 57% en comparación con el año 2009. De este modo Pekín se convierte en el quinto país del mundo por posesión de oro, dejando a Rusia, con unas 1.250 toneladas, en el sexto lugar.

Se trata de una **política diseñada específicamente para destronar al dólar** como la divisa de reserva internacional y, simultáneamente, favorecer la internacionalización de la "divisa del pueblo", el yuan o *renminbi chino*. En Europa, el euro y en América, el dólar, los cuales ya se han posicionado para regir el destino de los gobiernos de turnos en estas áreas y el destino de sus habitantes.

TABLA 2

DATOS PUBLICADOS POR THE WORLD GOLD COUNCIL EN AGOSTO 2015, DONDE SE DA LA CLASIFICACIÓN DE PAÍSES DE ACUERDO A SUS RESERVAS DE ORO SIGUIENDO EL ORDEN DE MAYOR A MENOR

1. EE.UU. que posee las mayores reservas de este metal precioso del mundo: 8.133,5 toneladas, lo que constituye un 73,7% de todas las reservas del país.
2. Alemania con 3.381 toneladas, un 67,6% de sus reservas,
3. Fondo Monetario Internacional (2.814 toneladas),
4. Italia (2.451,8 toneladas, un 66% de sus reservas)
5. Francia (2.435,4 toneladas, un 64,7% de sus reservas).
6. China (1.658,1 toneladas, un 1,6% de sus reservas),
7. Rusia (1.275 toneladas, un 13,3% de sus reservas),
8. Suiza (1.040 toneladas, un 6,5% de sus reservas),
9. Japón (765,2 toneladas, un 2,3% de sus reservas),
10. Países Bajos (612,5 toneladas, un 57,1% de sus reservas).

TABLA 3
Algunos países de ALC
CON GRANDES RESERVAS DE ORO

1. Venezuela contaba con la mayor y más estable reserva de oro, 361 toneladas, lo que constituía un 68% de todas sus reservas, aunque de acuerdo a los estados financieros del instituto emisor difundido en octubre del 2015, el valor de oro monetario se ha reducido en el transcurso del año en un 19%.
2. México (con 122,2 toneladas, un 2,4% de sus reservas),
3. Brasil (67,2 toneladas, un 0,7% de sus reservas),
4. Argentina (61,7 toneladas, un 6,9% de sus reservas),
5. Bolivia (42,5 toneladas, un 10,9% de sus reservas),
6. Perú (34,7 toneladas, un 2,2% de sus reservas),
7. Ecuador (11,8 toneladas, un 9,4% de sus reservas),
8. Colombia (10,4 toneladas, un 0,8% de sus reservas),
9. Paraguay (8,2 toneladas, un 4,5% de sus reservas),
10. Guatemala (6,9 toneladas, un 3,4% de sus reservas).

La palabra *"dolarizar"* no se aplica solamente a la importación del dólar estadounidense como medio de pago oficial. Muchos países y territorios están "dolarizados" en euro, libras, dólares australianos u otras monedas. Él término es útil porque en la mayoría de los casos actualmente, la moneda propuesta para sustituir a la doméstica (o para respaldarla mediante una *caja de conversión*) es precisamente el dólar.

En los últimos años las economías de América Latina han atravesado por una gran inestabilidad económica, caracterizada por el desajuste en los mercados financieros, pronunciados aumentos en la tasa de cambio, altos déficits fiscales, agitación e incertidumbre en los *mercados bursátiles*, profundización de los déficits en la cuenta corriente de la balanza de pagos y altos *índices de inflación*.

Muchos pensadores, economistas y políticos de nuestros países sostienen que, si América Latina contara con un sistema financiero dolarizado, globalizado, internacionalizado, reduciría la necesidad que enfrentan los gobiernos de mantener reservas internacionales acumuladas para cumplir con los compromisos externos, con lo cual se diminuirían los costos provenientes del mantenimiento de las reservas *("stocks")* que asumen los Bancos Centrales de nuestros países. Es importante destacar que estos procesos de globalización, podrían lograr avances significativos en el campo económico de los países participantes, pero su alcance es aun muy limitado en cuanto a los aspectos políticos y sociales de los pueblos.

A partir de estas verdades que afectan nuestro diario vivir y que actúan directamente sobre la calidad de vida de todos, surge la propuesta de "dolarización oficial de las economías" que se ha convertido en un tema de debate en muchos países de Latinoamérica y el Caribe. Existen múltiples consideraciones tanto a favor como en contra que aparecen permanentemente en diferentes medios escritos, radiales y televisivos y ya el tema es objeto de interés no solo de los economistas, sino de la población en general de

América Latina, aunque todavía en sentido general, la mayoría de la gente no entiende claramente de que se trata.

Al considerar los costos y beneficios de la dolarización oficial han surgido de los diferentes pensadores, escritores y diversos escenarios, múltiples preguntas, y en este contexto compartiré con ustedes algunas de éstas.

- ¿Vale la pena reflexionar sobre los sistemas monetarios actualmente existentes?
- ¿Qué países se podrían considerar nuevos candidatos para la dolarización oficial?
- ¿Necesitamos una economía irreversiblemente global que se corresponda todavía con monedas bajo tradicionales signos nacionalistas?
- ¿Qué conviene más al ciudadano, contar con mayor estabilidad de la moneda o preservar la satisfacción de su sentir nacionalista?
- ¿Tienen los países de América Latina la necesidad de estabilizar su economía?
- ¿Es el mantenimiento de monedas propias en los países latinoamericanos la causa del fenómeno latente de la hiperinflación?
- ¿Necesitan América Latina y el Caribe estabilidad monetaria?
- ¿Es posible la estabilización de la economía de América Latina y el Caribe a partir de la "dolarización"?

He aquí, parte del material que hemos preparado para el estudio y la reflexión sobre el tema y tenemos la esperanza de que el mismo contribuya a ayudar en las decisiones futuras de nuestras naciones para lograr una mayor estabilidad económica y al mismo tiempo mejorar cada día más la calidad de vida de nuestra gente.

Marco Histórico

¿Es tiempo de dolarizar?

UNA PROPUESTA PARA AMÉRICA LATINA Y EL CARIBE

La historia económica de los países de Latinoamérica y el Caribe nos revela que estas naciones han vivido crisis y desórdenes constantes, especialmente catastróficos, cuando su economía ha estado dirigida por reglas de juego diferentes a las derivadas de las exigencias de un patrón o *sistema monetario internacional*.

Estas revelaciones la podemos notar analizando las diferentes épocas en que se llevaron a cabo cambios en el Sistema Monetario Internacional con el abandono del *Patrón Oro* por la implementación de cualquiera de las nuevas leyes que lo sustituyó como Sistema Monetario. Así, se inician los procesos en cada país con un deterioro de las condiciones económicas nacionales de manera importante, las monedas se devaluaron en más del cien por ciento, las exportaciones con las cuales se inició la apertura a la integración a los circuitos comerciales internacionales decrecieron, se produjeron levantamientos sociales con huelgas de trabajadores y protestas callejeras que demandaban, esencialmente, estabilidad en el tipo de cambio, y control de la *inflación* que en muchos países alcanzó niveles de hasta dos dígitos. Además, la *inconvertibilidad de la moneda* provocó un aumento importante del circulante emitido por el Estado, debido a los continuos créditos otorgados a los bancos privados, con el fin de cubrir sus crecientes déficits.

Frente al desorden económico general y al empobrecimiento de los países, se incrementaron las protestas y huelgas sindicales y sobrevino la inestabilidad e inseguridad del Estado y sus instituciones, lo que trajo como consecuencia la reinstalación en muchos países del llamado Patrón de Cambios Oro y la fundación o creación de varias instituciones pertenecientes al Estado tales como los *Bancos Centrales, las Superintendencias de Bancos, las Contralorías Generales de la Nación y las Direcciones Generales de Aduanas,* entre otras.

Es así como la mayoría de los países de la región, solo empiezan a alcanzar la estabilidad y consiguen favorecer su crecimiento cuando entre otras reformas, se establecen en sus leyes, la integración del país en el *Sistema Monetario Internacional* **basado en el *Patrón Oro*** (1870-1914 y 1925-1931) cuya clave radicó en el uso de las monedas de oro como medio de cambio, unidad de cuenta y depósito de valor. Esta integración permitió que la mayoría de los países de la región, alcanzaran cierta estabilidad monetaria y cambiaria, lo que redundó en elevadas tasas de crecimiento, incremento de las exportaciones de sus productos agrícolas y mineros, incremento en la entrada de capitales extranjeros y el desarrollo de mejoras notables en la infraestructura de cada nación.

A partir de 1930 la mayoría de los países Latinoamericanos y del Caribe se sumen en uno de los periodos de crisis más grave, debido a la Gran *Depresión económica* iniciada en Estados Unidos en octubre de 1929. En esta misma década, en muchos países de la región se levantaron nuevos gobernantes, los cuales se caracterizan por sus *sistemas caudillistas* y esto trae como consecuencia en la mayoría de los casos, una *devaluación* importante de la moneda y un crecimiento de la inflación de manera permanentemente y muy alta.

En Julio de 1944, se crea en Bretton Woods , New Hampshire, Estados Unidos el *Fondo Monetario Internacional*, donde se establecieron las reglas para las relaciones comerciales y financieras entre los Estados Unidos, Canadá, Europa Occidental, la región de Oceanía llamada Australasia que comprendía Australia, Nueva Zelandia, la isla de Nueva Guinea y las demás islas vecinas en el Océano Pacifico y Japón y se escogió un patrón de cambios dólar oro, que funcionó hasta 1972 como casi verdadera moneda universal. Es así como la estabilidad y el crecimiento solo vuelve a notarse a partir de la incorporación en estos países de este nuevo Sistema Monetario con el cual, entre 1944 y 1970 el crecimiento de la mayoría de los países fue permanente, la *tasa de inflación* fue de un dígito y las monedas, prácticamente, no se devaluaron.

Durante el transcurso del año 1970 se da fin al Sistema de Bretón Woods y esto hace que se inicia en los países Latinoamericanos y del Caribe un fenómeno de endeudamiento con el exterior ya que los gobiernos se ven obligados a mantener artificialmente el auge financiero que mantenían desde los inicios de aquella década. Tanto el incremento de la deuda externa, pero sobre todo el fin del Sistema Monetario Internacional de Bretón Woods, condicionan y limitan el desarrollo económico de estos países durante los años ochenta y noventa. Es el periodo de mayor deterioro de la economía y de las condiciones de vida de la población de los países Latinoamericanos y del Caribe. Así que toda la Región, con escasas excepciones, se ve sometido a una crisis constante y duradera que provoca disminuciones permanentes en el producto *per cápita,* elevadas *inflaciones,* altísima *volatilidad en el tipo de cambio,* empobrecimiento generalizado y emigración de la población.

Hasta este momento el análisis de la historia económica de Latinoamérica y el Caribe muestra que para conseguir estabilidad económica estos países han necesitado permanentemente de anclas, de un ordenamiento internacional específico. En los períodos en los cuales no ha existido un sistema monetario internacional, la permisividad en las políticas económicas le han llevado a la inestabilidad, al decrecimiento y hasta a condicionar su propia integridad y existencia.

Precisamente, frente a la crisis de los ochenta y noventa, y en ausencia de un sistema monetario internacional, es que algunos países en Latinoamérica, toman la decisión trascendental de dolarizar oficialmente sus economías como el único mecanismo posible en ese momento para alcanzar la estabilidad, retomar el crecimiento y limitar a las fuerzas desintegradoras.

LOS BANCOS CENTRALES: SU HISTORY

Hace aproximadamente unos cien años cualquier moneda tenía una tasa de cambio fija con respecto al oro o la plata. Las monedas eran estables y prácticamente no se conocía la inflación. Las monedas eran creíbles y mantenían su valor a través del tiempo. Había plena convertibilidad y no se conocían los controles de cambio.

Al pasar los años, los Sistemas Financieros que marcan las pautas económicas en el mundo, han ido cambiando y ya hoy, podemos decir que si no todas, casi todas las monedas abandonaron su tipo de cambio fijo con respecto al oro. En el mundo entero la inflación ha sido alta en los últimos tres siglos, especialmente en los países con las monedas más débiles. También existen controles cambiarios para la mayoría de las monedas del mundo, aunque las monedas de los países prósperos y estables sean una excepción, es por esto que no es una casualidad que las monedas sin controles cambiarios sean las más utilizadas en el comercio y las finanzas internacionales.

La pérdida del patrón objetivo (oro, plata) y su sustitución por el valor flotante, han sido consideradas en muchas de las economías a nivel mundial, como uno de los grandes errores de la Humanidad, que ha empobrecido a millones de personas en todo el mundo.

Una de las pocas áreas de la actividad humana donde no ha habido progreso durante el último siglo es la moneda. La causa son los Bancos Centrales de cada gobierno. Hace escasamente un siglo los bancos centrales no existían en el mundo (excepto algunos casos en Europa). Estados Unidos, la economía más grande del mundo, no tenía un banco central. Argentina, Australia y Canadá, tres economías de muy rápido crecimiento, tampoco tenían bancos centrales. De hecho, muchos bancos centrales no tienen hoy ni cincuenta años.

Los Bancos Centrales son entidades públicas de Derecho Público con personalidad jurídica propia y con la plena autonomía consagrada por la Constitución de cada país. Es una institución exenta de toda clase de impuestos, derechos, tasa o contribuciones, nacionales o municipales y en general, de toda carga contributiva que incida sobre sus bienes u operaciones. Los rendimientos generados por los instrumentos de la política monetaria incluyendo de manera enunciativa, pero no limitativa, los intereses generados por depósitos en el Banco Central y por títulos valores emitidos por este, estarán exentos del pago de todo impuesto.

El Banco Central disfruta de franquicia postal y telegráfica. Puede contratar la adquisición de bienes y prestaciones de servicios necesarios para su funcionamiento con arreglo a los principios generales de la contratación pública y en especial de acuerdo a los principios de publicidad, concurrencia y transparencia, conforme reglamento dictado por la Junta Monetaria (este es el caso en República Dominicana) quien es la Institución encargada de aprobar los reglamentos internos del Banco Central y de su estructura orgánica. Además, tienen por función la ejecución de las políticas monetaria, cambiaria y financiera, de acuerdo con la programación monetaria aprobada por la Junta Monetaria y exclusivamente mediante el uso de los instrumentos establecidos por la Ley. El Banco Central tiene la facultad de proponer proyectos de reglamentos en materia monetaria, cambiaria y financiera además de supervisar el funcionamiento del sistema de medios de pago.

El Banco Central tiene potestad reglamentaria interna de carácter auto-organizativo, así como reglamentaria subordinada para desarrollar mediante instructivos lo dispuesto en los Reglamentos Monetarios y Financieros en la materia propia de su competencia, administra el Fondo de Protección al Ahorro mediante un balance separado, impone sanciones por deficiencias en el encaje legal, incumplimiento de las normas del sistema de pagos, y violación del deber de información según la Ley.

El Banco Central es también el agente de pago supletorio del Gobierno, centralizando los recursos de caja de la Tesorería Nacional. A pesar de estas funciones, el Banco Central no podrá en modo alguno vulnerar la estricta prohibición de otorgar crédito al Gobierno u otras instituciones públicas, directa o indirectamente, a través de entidades financieras o mediante la realización de contratos cuyo precio implique subvención a una institución pública o de otros mecanismos que impliquen un subsidio. No se entenderá vulnerada dicha prohibición en los casos en que realice operaciones de mercado abierto comprando títulos de deuda pública en el mercado secundario a entidades financieras, conforme a lo dispuesto por la Ley.

No basta que el Banco Central publique diariamente sus operaciones o que las autoridades anuncien que todo está bien. Si un banco central puede lograr que su moneda sea por lo menos tan buena como el dólar, excelente. Si no, ese banco central está lastimando más que ayudando a sus propios ciudadanos. Los bancos centrales han utilizado todo tipo de permutación posible para destruir el valor de la moneda. Lo han hecho con tipos de cambio tanto cuasi-fijos como flotantes, controles cambiarios o sin ellos, con pequeñas inflaciones o con grandes hiperinflaciones.

TABLA 4

Conversión del dólar de Estados Unidos
CON ALGUNAS OTRAS MONEDAS

País	Banderas	Precio	Última actualización
Euro	Europa	0,9078	13/10/2016
Peso Mexicano	México	18,9612	13/10/2016
Peso Colombiano	Colombia	2.903,0000	12/10/2016
Libra esterlina británica	Reino Unido	0,8198	13/10/2016
Peso Chileno	Chile	665,6900	12/10/2016
Peso Argentino	Argentina	15,0550	12/10/2016
Sol Peruano	Perú	3,4029	12/10/2016
Dólar australiano	Australia	1,3228	13/10/2016
Yen	Japón	104,2680	13/10/2016
Bolívar Venezolano	Venezuela	2.147,5000	25/06/2009
Real Brasileño	Brasil	3,2018	13/10/2016
Colón Costarricense	Costa Rica	547,1800	12/10/2016
Peso Dominicano	República Dominicana	45,9900	12/10/2016
Peso Uruguayo	Uruguay	28,0400	12/10/2016
Quetzal Guatemalteco	Guatemala	7,4745	12/10/2016
Lempira Hondureño	Honduras	22,6700	12/10/2016
Boliviano	Bolivia	6,8700	12/10/2016
Peso Cubano	Cuba	1,0000	12/10/2016
Won surcoreano	Corea	1.127,1000	12/10/2016
Guaraní	Paraguay	5.570,0000	12/10/2016
Dólar Canadiense	Canadá	1,3273	13/10/2016
Balboa panameño	Panamá	1,0000	12/10/2016
Peseta española	España	113,1750	13/03/2010
Córdoba nicaragayen	Nicaragua	29,0131	12/10/2016
Colón salvadoreño	El Salvador	8,7222	12/10/2016
Franco Suizo	Suiza	0,9902	13/10/2016
Marco alemán	Alemania	1,7175	22/06/2015
Grivna ucraniano	Ucrania	25,7900	12/10/2016
Dírham marroquí	Marruecos	9,8337	12/10/2016
Renmimbi yuan chino	China	6,7180	12/10/2016

En los últimos cincuenta años las mejores monedas han sido el dólar estadounidense, el marco alemán y el yen japonés, aunque existen otras monedas menos importantes como el franco suizo, que también han tenido excelente desempeño. La realidad es que el mundo no va a regresar al patrón oro. Hoy todos los países tienen algún tipo de papel moneda. Hasta las mejores monedas han sufrido alguna inflación y han perdido mucho valor con respecto al oro, pero, dentro de esto, las mejores han funcionado mucho mejor que las peores.

La debilidad y caída de la calidad de las monedas débiles no lo son porque sí, está estrechamente relacionada con la creación de los Bancos Centrales y su pésimo manejo monetario. Estas instituciones, enteramente prescindibles, son los culpables de ese error.

Paul Volcker, el presidente del Banco de la Reserva Federal entre 1979 y 1987, resume la experiencia de los últimos años así: "a veces olvidamos que la banca central, tal como la conocemos actualmente, es en gran parte una invención de los últimos cien años. Es un hecho para reflexionar que la prominencia de los bancos centrales en este siglo haya coincidido con una tendencia general hacia más inflación, no hacia menos. Por eso, si el objetivo principal es la estabilidad de los precios, estuvimos mejor con el patrón oro del siglo XIX o con bancos centrales pasivos, con cajas de conversión, o aun con la "banca libre". Después de todo, el único poder verdadero que tiene el banco central es el poder de crear dinero, y en última instancia, el poder de crear es el poder de destruir".

Dolarización: Definiciones

¿Es tiempo de dolarizar?

UNA PROPUESTA PARA AMÉRICA LATINA Y EL CARIBE

La palabra "dolarizar" no se aplica solamente a la importación del dólar estadounidense como medio de pago oficial, ya que existen muchos países y territorios que están "dolarizado" en euro, libras, dólares australianos u otras monedas. El término es útil a pesar del debate existente en la actualidad. De todas maneras, el término "dolarizar" se aplica en la mayoría de los casos cuando la moneda propuesta para sustituir a la doméstica, o para respaldarla mediante una caja de conversión, es precisamente el dólar.

He aquí algunas de las definiciones que se han dado a la dolarización:

- La dolarización se usa en sentido genérico para referirse a cualquier moneda extranjera, no solo el dólar, que desplace a una moneda doméstica.

- La dolarización ocurre cuando los residentes de un país usan extensamente moneda extranjera junto a, o en vez de, la moneda doméstica

- La dolarización significa el uso del dólar, moneda norteamericana, en transacciones en paralelo con el uso de la moneda nacional.

- La dolarización ocurre cuando el dólar estadounidense desplaza de una forma u otra a la moneda doméstica en conceptos de ahorros, pagos y precios de bienes.

- La dolarización plena es la sustitución de la moneda nacional por el dólar; el cual se convierte en la moneda nacional.

- Caja de Conversión se refiere a una paridad fija que habilita el uso simultáneo de la moneda nacional de un país y el dólar. (Experiencia Argentina).

DOLARIZACIÓN DE LA ECONOMIA DE UN PAÍS CON EL US$

Dolarizar la economía es adoptar al dólar norteamericano como patrón monetario de intercambio, como depósito de valor y como medida contable; es decir, que el dólar asuma todas las funciones como la que ha realizado la moneda local.

Al dolarizar la economía la moneda local es desplazada como patrón monetario para las transacciones comerciales y económicas, incluyendo la compra y venta de bienes y servicios de producción local e importada; el pago o cancelación de los compromisos externos, la inversión de capitales vía el mercado bursátil, de la construcción o el monetario-financiero y cambiario; entre otras cosas.

Con la dolarización la regulación monetaria-financiera y cambiaria pasa a ser competencia de los bancos comerciales y de la Reserva Federal de EE.UU., haciendo prácticamente desaparecer al Banco Central del país dolarizado.

La dolarización reemplaza la moneda local con el dólar, de tal forma que todas las cuentas en los bancos —depósitos, créditos, capital, etc.— estarían en dólares, igual que los billetes en circulación.

TIPOS O MODALIDADES DE DOLARIZACIÓN

La dolarización se ha clasificado en tres modalidades o tipos, y siguiendo esta clasificación se han identificado algunos países que funcionan con estos sistemas.

Dolarización No Oficial o Extraoficial

Dolarización Semi-Oficial o Sistemas Oficiales Bimonetarios

Dolarización Oficial

DOLARIZACIÓN NO OFICIAL O EXTRAOFICIAL

La dolarización no oficial o extraoficial ocurre, cuando la gente mantiene una gran parte de su riqueza financiera en activos extranjeros, aun cuando la moneda extranjera no sea de curso legal sino de curso forzoso. Curso legal significa que una moneda es legalmente aceptable como pago para todas las deudas, a menos que las partes contratantes hayan especificado el pago en otra moneda. Curso forzoso significa que la gente debe aceptar una moneda en pago, aun cuando ellos preferirían especificar otra moneda.

Cuando se utiliza el termino "dolarización extraoficial" se refiere a ambos casos, esto es curso legal y curso forzoso, es decir, cuando mantener dinero extranjero es legal y cuando es ilegal.

En este sistema se pueden incluir:

- Bonos extranjeros y otros activos no monetarios, generalmente en el exterior.
- Depósitos de moneda extranjera en el exterior.
- Depósitos en moneda extranjera en el sistema bancario local
- Billetes extranjeros (moneda papel) en billeteras y/o guardados en casa

ETAPAS EN LA DOLARIZACIÓN NO OFICIAL O EXTRAOFICIAL: TRES

En la primera etapa, la gente mantiene bonos extranjeros y depósitos en el exterior como "reserva de valor". Se protegen contra la perdida de riqueza a través de la inflación de la moneda doméstica o a través de una posible confiscación.

En la segunda etapa, llamada "sustitución monetaria", la gente mantiene grandes cantidades de moneda extranjera en el sistema bancario doméstico, y billetes extranjeros, tanto como medio de pago como para mantener su valor. Usan la moneda local para pagos del diario vivir y solamente utilizan la moneda extranjera para el pago de artículos más caros.

Ya en la tercera etapa, o etapa final, se piensa en términos de la moneda extranjera, y los precios en la moneda local se los relaciona con el índice de la tasa de cambio.

Un estudio del FMI basado solamente en los datos sobre depósitos en moneda extranjera clasifica 18 países como "altamente dolarizados" hasta 1995, lo que significa que los depósitos en moneda extranjera exceden depósitos en dólares desde un 30% a un 50% (por ciento) de la medida amplia de la oferta monetaria.

La siguiente es una lista de una parte de las economías extraoficialmente dolarizadas. Es imposible incluir a todas porque es difícil medir cuantos son los países extraoficialmente dolarizados.

Argentina, Bolivia, Costa Rica, Nicaragua, Perú, Uruguay. Azerbaiján, Belarusia, Cambodia, Croacia, Georgia, Guinea-Bissau, Laos, Latvia, Mozambique, Sao Tomé y Príncipe, Tayikistán y Turquía. Otros 32 países poseen sus economías "moderadamente dolarizados" en los cuales los depósitos en moneda extranjera promedian 16,4% (por ciento) de la medida amplia de la oferta monetaria.

Estos países son:

> Albania, Armenia, Bulgaria, Dominica, Egipto, Estonia, Filipinas, Guinea, Honduras, Hungría, Jamaica, Jordania, Lituania, Macedonia, Malawi, México, Moldava, Mongolia, Pakistán, Polonia, República Checa, República Eslovaquia, Rumania, Rusia, Sierra Leona, Trinidad y Tobago, Ucrania, Uganda, Uzbekistán, Vietnam, Yemen y Zambia (Baliño y otros).

Países Extraoficialmente Dolarizados Con Otras Monedas.

Franco / euro: Algunas ex colonias francesas en África.
Marco Alemán / euro: Balcanes
Dólar de Hong Kong: Macau y el sur de China
Rublo Ruso: Belarusia

DOLARIZACIÓN SEMI OFICIAL O SISTEMA OFICIAL BI-MONETARIO

En los sistemas de dolarización semi oficial, la moneda extranjera es de curso legal y puede dominar los depósitos bancarios, pero juega un papel secundario con respecto a la moneda doméstica para pagar salarios, impuestos y los gastos de la vida diaria tales como: las cuentas de alimentos, luz eléctrica, renta, combustibles, servicios telefónicos etc. A diferencia de los países oficialmente dolarizados, los semi dolarizados mantienen un Banco Central doméstico u otra autoridad monetaria y correspondientemente poseen cierta flexibilidad para conducir su propia política monetaria.

El FMI (1998) identificó como países semi oficialmente dolarizados aquellos que tienen moneda extranjera como "otra de curso legal", queriendo decir que la moneda extranjera circula ampliamente, pero juega un papel secundario con respecto a la moneda doméstica. Existen más de una docena de países que se manejan con lo que puede llamarse dolarización semi oficial. Entre estos y con dólar de los Estados Unidos podemos mencionar: las Bahamas, Camboya, Haití, Laos (también el baht de Tailandia), Liberia y Cuba.

En el siguiente cuadro vamos a encontrar países semi dolarizados en otras monedas diferentes al US$ dólar.

Bután (rupia india);
Bosnia (marco alemán, kuna croata, dinario yugoslavo);
Brunei (dólar de Singapur);
Isla de Man (libra británica);
Lesotho (ran de África del Sur);
Luxemburgo (franco belga);
Namibia (ran de África del Sur);

Tayikistán (se permite uso de monedas extranjeras, rublo ruso es mas extendido

LA DOLARIZACIÓN OFICIAL

La dolarización oficial, también llamada dolarización total, ocurre cuando la moneda extranjera adquiere el status exclusivo o predominante de curso legal completo. Esto significa no solamente que es legal el uso de la moneda extranjera en los contratos privados, sino que el gobierno lo usa para hacer sus pagos. Si existe moneda doméstica ésta se restringe a un papel secundario, tal como ser emitida solamente en la forma de moneda fraccionaria de poco valor.

Los países oficialmente dolarizados varían dependiendo del número de monedas extranjeras de curso legal que se permiten, así como de la relación entre la moneda doméstica —si existe— y la moneda extranjera. Dolarización oficial no necesariamente significa que una o dos monedas extranjeras son únicamente de curso legal total; la libertad de elegir puede ofrecer alguna protección contra quedarse entrampado usando una moneda que puede hacerse inestable. La mayoría de los países oficialmente dolarizados le otorgan solamente a una moneda extranjera el status de curso legal total, pero también existen sus excepciones, tal es el caso del Principado de Andorra, quien le otorgó este papel tanto al franco francés como a la peseta española.

Algunos países dolarizados no emiten ninguna moneda local, mientras otros, tales como Panamá, la emiten, pero con un papel secundario. Panamá tiene una unidad de cuenta llamada el Balboa igual al dólar, y emite monedas fraccionarias o metálicas, pero no billetes. En la práctica no existe diferencia entre el Balboa y el dólar; el Balboa es simplemente el nombre panameño para el dólar.

Muchos países han usado moneda extranjera en algún momento en su historia: en los Estados Unidos, las monedas extranjeras tuvieron curso legal hasta 1857.

Como muestra el siguiente cuadro, actualmente 28 países usan oficialmente el dólar de los Estados Unidos o alguna otra moneda extranjera como su moneda predominante. De estos, 15 son territorios que no son independientes, tales como las Islas Vírgenes de los Estados Unidos. Con excepciones menores estos territorios usan la moneda de su "madre" patria.

El cuadro incluye solo países dependientes que tienen un alto grado de gobierno propio, pero hay casos límites que algunos estudiosos pueden incluirlos como parte de la madre patria. De los 13 países oficialmente dolarizados que son independientes, Panamá es varias veces más grande en población y economía que todos los demás combinados.

Los países independientes oficialmente dolarizados usan ya sea la moneda de un país grande o, en el caso de las islas del Océano Pacífico, las monedas de su ex metrópoli.

TABLA 5

Países oficialmente dolarizados

1. Andorra, estado político independiente, dolarizado desde 1278, moneda Franc francés, euro, peseta española
2. Chipre, estado político independiente, dolarizado desde 1974, moneda lira turca en su parte turca
3. C. Vaticano, estado político independiente, dolarizado desde 1929, monera lira ital. /euro/moneda propia
4. Groenlandia, estado político Reg. Dinamarca con Gob. Propio, dolarizado desde antes de 1800 moneda Krone de Dinamarca
5. GUAN, territorio de EE. UU., dolarizado desde 1898, dólar de los EE. UU.

---

6. Isla de Pitcaim, dependiente de Gran Bretaña, dolarizado desde siglo XIX, dólares de Nueva Zelandia de los EE. UU.

7. Islas Cocos (Islas Keeling) territorio australiano externo, dolarizado desde 1955; dólar australiano

8. Islas Cook, territorio de Nueva Zelandia, dolarizado desde 1995; moneda de Nueva Zelandia

9. Islas Mariana del Norte, territorio asociado de los EE.UU. dolarizado desde 1944; dólar EE.UU.

10. Islas Norfolk, territorio externo de Australia, dolarizado desde antes de 1900; dólar australiano

11. Islas Turcas, colonia británica, dolarizada desde 1973; dólar de los EE.UU.

12. Islas Vírgenes Británicas, dependencia de Gran Bretaña, dolarizada desde 1973; dólar EE. UU.

13. Islas Vírgenes, territorio de EE. UU., dolarizada desde 1934; dólar EE. UU.

14. Kiribati, territorio independiente, dolarizado desde 1943; dólar australiano, moneda propia

15. Liechtenstein, territorio independiente, dolarizado desde 1921; franco suizo

16. Micronesia, territorio independiente, dolarizado desde 1944; dólar de los EE. UU.

17. Mónaco, territorio independiente, dolarizado desde 1865; franco francés / euro

18. Nauru, territorio independiente, dolarizado desde 1914; dólar australiano

19. Islas Marshall, independiente, dolarizado desde 1944; dólar EE.UU.

20. Niue, territorio de Nueva Zelandia con gobierno propio, dolarizado desde 1901, dólar de Nueva Zelandia

21. Palau, territorio independiente, dolarizado desde 1944; dólar de EE. UU.

22. Panamá, territorio independiente, dolarizado desde 1904; dólar de EE. UU. Moneda el balboa panameño

23.	Puerto Rico, estado asociado de los EE. UU., dolarizado desde 1899; dólar EE. UU.
24.	Samoa Americana, territorio asociado de EE. UU., dolarizado desde 1899; dólar EE. UU.
25.	San Marino, territorio independiente, dolariza desde 1897; lira italiana/euro, moneda propia
26.	Santa Helena, Colonia Británica, dolarizada desde 1834; libra británica
27.	Tokelau, territorio de Nueva Zelandia, dolarizado desde 1926; dólar de Nueva Zelandia
28.	Tuvalu, territorio independiente, dolarizado desde 1892; dólar australiano, moneda propia
29.	29.Estados Unidos, territorio independiente, dolarizado desde el siglo XVII; dólar de los EE.UU.

Fuentes: Banco Mundial 1999; CIA 1998; FMI 1998, The Statesman's Year-Book. Se incluyen los Estados Unidos para efectos de comparación.

También debemos incluir dentro de la lista de países oficialmente dolarizados a: Ecuador, territorio independiente, dolarizado desde el año 2000; dólar de EE.UU. El Salvador, territorio independiente, dolarizado desde enero del año 2001; dólar de EE.UU. desplazando el Colón.

La dolarización oficial es pensada muy raras veces hoy en día; excepto entre países muy pequeños; por el simbolismo político que representa la moneda nacional y por factores económicos tales como los costos que se supone acarrea la dolarización. Por ejemplo, en el caso de la Republica de Argentina, esta tenía en el año 2004 un estimado de unos 39.144.753 hab. y un PIB de cerca de 300 mil millones, de manera que la dolarización oficial hubiera significado para este país un salto gigantesco comparado con los países pequeños en donde existe la dolarización en la actualidad. Argentina 2013 tenía un PIB (US$ a precios actuales) $611,8 mil millones y la Población, total 41,45 millones.

Sin embargo, si comparamos a Argentina con los Estados Unidos, la economía de Argentina o de cualquier otro país en desarrollo, es pequeña, de tal manera que podemos decir que la economía de Argentina es aproximadamente del mismo tamaño que la del estado de Michigan, esto es, 3,4 por ciento de la economía de los Estados Unidos.

Funcionamiento de los diferentes tipos de dolarización

¿Es tiempo de dolarizar?

UNA PROPUESTA PARA AMÉRICA LATINA Y EL CARIBE

FUNCIONAMIENTO DE LA DOLARIZACIÓN EXTRAOFICIAL

La mayoría de los estudios que han efectuado los economistas sobre la dolarización han sido sobre la dolarización extraoficial, especialmente la fase de "sustitución de la moneda", en la cual la gente usa moneda extranjera para pagar artículos caros aun cuando legalmente se supone que deben usar la moneda doméstica.

Los resultados de estos estudios varían ampliamente porque la dolarización extraoficial tiene efectos contrapuestos. Por una parte, puede hacer inestable la demanda de la moneda local. Si la gente cambia a la moneda extranjera repentinamente, puede ocasionar que la moneda doméstica se deprecie, iniciando una espiral inflacionaria. Cuando la gente mantiene cantidades sustanciales de depósitos en moneda extranjera, un cambio en las tasas de interés doméstica o extranjera puede producir grandes movimientos de una moneda a otra, como una manera de especular con la tasa de cambio. Estos cambios de posición complican la labor de un banco central que está tratando de apuntar a la oferta de dinero doméstico.

Por otra parte, la dolarización extraoficial ofrece una protección contra la inflación de la moneda doméstica y puede aumentar la estabilidad del sistema bancario. Permitir a los bancos domésticos que acepten depósitos en moneda extranjera significa que los depositantes no tienen que enviar su dinero fuera del país cuando quieren cambiarlo a una moneda extranjera. Por lo tanto, disminuye el riesgo de que una devaluación cause una corrida bancaria. En algunos casos, el "efecto inestabilidad" en la demanda de dinero es más importante, mientras en otros casos el "efecto estabilidad" en el sistema bancario es más importante, y por esto encontramos una división importante entre los economistas en cuanto a sí es deseable o no la dolarización extraoficial o semi oficial.

FUNCIONAMIENTO DE LA DOLARIZACIÓN OFICIAL

La dolarización oficial es más fácil de analizar que la dolarización extraoficial porque mediante la eliminación de la moneda doméstica, se eliminan los problemas que surgen por cambios de la moneda doméstica a la extranjera.

En vista de que la alta inflación y otros problemas monetarios en los países en desarrollo a menudo se originan más en la moneda doméstica que por el mayor uso de monedas extranjeras, la dolarización oficial elimina esos problemas.

Un país dolarizado oficialmente es parte de una zona unificada de moneda con el país cuya moneda usa, llamado el país emisor. Por ejemplo, Panamá tiene en su mayor parte la misma relación con Nueva York que tienen Pensilvana y Puerto Rico. Un país dolarizado oficialmente renuncia a una política monetaria independiente e "importa" la política monetaria del país cuya moneda usa. Dentro de la zona de moneda unificada, el arbitraje –compra y venta para tomar ventajas de las diferencias en precios– tiende a mantener los precios de bienes similares dentro de un rango estrecho. Analicemos este caso: Si una computadora cuesta $500 en los Estados Unidos, en Panamá no puede costar más de $500 además de los impuestos adicionales y los costos de envío, de otra manera resultaría más rentable embarcar computadoras de los Estados Unidos a Panamá hasta que la diferencia de precios desaparezca. Lo mismo es verdad con respecto al comercio de computadoras entre los Estados Unidos y México, pero como México tiene una moneda separada, los riesgos de la moneda imponen un costo extra al arbitraje que no existe en el comercio entre los Estados Unidos y Panamá.

Debido a que el arbitraje tiende a mantener los precios de bienes similares dentro de un rango estrecho en toda la zona de moneda unificada, las tasas de inflación tienden a ser bastante similar a través de toda la zona. La inflación no tiene que ser necesariamente la misma en toda la zona, sin embargo, los precios de bienes que no se mueven fácilmente, en particular bienes raíces y mano de obra, pueden subir más rápido que el promedio en áreas de rápido crecimiento, reflejando el hecho de que el crecimiento económico está haciendo los bienes más valiosos. No hay nada fuera de lo usual en eso; lo mismo pasa en diferentes regiones de un mismo país.

Las tasas de interés también tienen la tendencia a ser bastante similar a través de la zona: si las hipotecas a 30 años tienen una tasa de interés de 8 por ciento en los Estados Unidos, la tasa no puede ser más alta en Panamá, de otra manera sería más rentable para los bancos prestar dinero para hipotecas en Panamá hasta que la diferencia desaparezca. Alguna diferencia en las tasas de interés puede persistir, sin embargo, debido al riesgo país (factores políticos que afectan la seguridad de los derechos de propiedad). Las tasas de interés se sincronizan más estrechamente cuando existe una integración financiera.

Lo mismo que en una región dentro de un país, en un país oficialmente dolarizado la oferta de dinero se determina automáticamente por la balanza de pagos, la cual en sí misma refleja las preferencias de las gentes por mantener el dinero en vez de gastarlo. El país emisor determina la cantidad de base monetaria en existencia (billetes y monedas en circulación, además de las reservas bancarias). La base monetaria entonces pasa a poder de las manos de la gente en varias regiones o países de acuerdo a la intensidad de su demanda; si desean adquirir más billetes en moneda extranjera, tienen que gastar menos, si las condiciones se mantienen; si ellos tienen más billetes en moneda extranjera que las deseadas, se deshacen de ellos gastando más.

Para una región, sin embargo, la balanza de cuentas corrientes (el intercambio en bienes y servicios) no determina rígidamente la oferta de dinero, porque puede también adquirir o deshacerse de su poder de gastar a través de transacciones en la cuenta de capital (intercambio en activos financieros –en otras palabras, obteniendo o haciendo préstamos). Asumamos que en un año Panamá ha vendido $6 mil millones en bienes y servicios al resto del mundo, pero ha comprado $7 mil millones; en consecuencia, su déficit en cuenta corriente durante el año es $1 mil millones. Eso no significa que su oferta de dinero debe contraerse en $1 mil millones. Si durante ese mismo año los panameños no invirtieron fuera del país y los extranjeros invirtieron $2 mil millones en Panamá, el exceso en la cuenta capital es $2 mil millones, haciendo el surplus combinado $1 mil millones, lo que significa que la oferta de dinero puede expandirse en vez de contraerse.

Un país oficialmente dolarizado no puede responder a los choques económicos, tales como un aumento en el precio del petróleo, alterando la tasa de cambio de su moneda. Sin embargo, tiene otros métodos de ajuste a su disposición: flujos de capital dentro o fuera del país para compensar el choque, cambios en el presupuesto del gobierno, y cambios en precios y (menos a menudos) salarios. El país que experimenta un choque económico "real" en última instancia tiene que ajustarse experimentando ganancia o pérdida "real". Alterando la tasa de cambio tal vez suaviza, pero no evita la necesidad de un ajuste real.

DOLARIZACIÓN OFICIAL: COSTOS Y BENEFICIOS

En proporción al tamaño de sus economías, muchos países que dolaricen oficialmente tienen las de ganar aún más que el país emisor. Debido a que esta sección no concierne específicamente a los Estados Unidos, la dolarización oficial que se discute aquí incluye cualquier moneda extranjera, no sólo el dólar.

Costo por pérdida de señoreaje. Al discutir los costos de dolarización, los economistas se han enfocado en la pérdida del señoreaje producto de reemplazar la moneda doméstica con una moneda extranjera. Enfocando el tema del señoreaje, se puede considerar este costo como un costo de capital (stock) realizado por una vez o en forma equivalente, como un flujo continuo. El costo de stock es el costo de obtener suficientes reservas extranjeras necesarias para reemplazar la moneda doméstica en circulación.

Stanley Fischer, economista y vicepresidente del Sistema de Reserva Federal de los EE. UU., quien fuese el Primer Subdirector del FMI desde septiembre de 1994 y hasta finales de agosto de 2001, y ex gobernador del Banco de Israel desde el año 2005 hasta el año 2013, en uno de sus importantes estudio, utilizó información del año 1970 para estimar que el costo del capital de la dolarización oficial para un país promedio hubiera sido 8 por ciento del producto nacional bruto (PNB, un concepto relacionado estrechamente al PIB usado más comúnmente ahora [Fischer 1982, p. 305]). Esa es una gran cantidad: para los Estados Unidos hoy, excedería los $700 mil millones. Sin embargo, desde los 1970s, los adelantos en la tecnología han permitido transferencias de depósitos para reemplazar billetes y monedas en muchos tipos de transacciones. Debido a que la gente usa billetes y monedas menos que antes en la mayor parte de los países, el costo de reemplazarlos expresado como un porcentaje del PIB, es también menor –generalmente de 4 a 5 por ciento en vez de 8 por ciento.

Una forma alternativa de pensar acerca del costo de la pérdida de señoreaje es como un costo de flujo –una cantidad que se pierde continuamente año tras año. Los bancos centrales u otras autoridades monetarias que poseen activos extranjeros, mantienen poco o nada en billetes extranjeros o monedas; más bien, tienen bonos u otros activos que ganan interés. La dolarización oficial les priva del interés.

Un método de calcular el costo del flujo es multiplicar la moneda en circulación por la tasa de interés en activos extranjeros. Este primer método, el cual es llamado "estimaciones de tramo bajo", es apropiado para un país que desea tener baja inflación y bajas tasas de interés; Otro método es multiplicar la base monetaria (que siempre, es mayor que la moneda en circulación) por la tasa de inflación doméstica o por alguna tasa de interés de la moneda doméstica, la cual generalmente es más alta que la tasa de interés en activos extranjeros. Este segundo método, al cual se le ha llamado "estimaciones de tramo alto", es más apropiado para un país que trata de usar inflación alta como una herramienta para generar señoreaje.

Otros costos. Los costos de capital (stock) y de flujo de la dolarización oficial son relativamente fáciles de estimar. Otros costos varían de lo cuantificable a lo vago.

El costo por una sola vez de convertir precios, programas de computación, cajas registradoras y máquinas vendedoras automáticas de moneda doméstica a moneda extranjera, varía considerablemente a través de países. En países donde la moneda local tenga más o menos el mismo equivalente que el dólar, el costo sería casi cero porque la moneda en uso vale un dólar, de manera que cambiar precios sería innecesario. En cambio, en países donde existe una tasa de cambio flotante contra el dólar, por ejemplo, el costo sería más grande porque tienen generalmente una alta inflación, y sin embargo aún pueden tener un beneficio neto en vez de un costo porque habrá una necesidad menos frecuente de revisar precios y un cálculo económico más eficiente.

Muchos economistas argumentan que hay un costo al perder un banco central local como prestamista de última instancia. En este tema, el primer asunto a considerarse es si el gobierno de un país dolarizado oficialmente puede obtener fondos suficientes para rescatar los bancos individuales si lo desea. Una solución es hacer los arreglos para líneas de crédito en bancos extranjeros, como lo hizo Argentina (BCRA 1998) en el sistema similar a la Caja de conversión. Las agencias de los bancos extranjeros también pueden ofrecer crédito directamente a los bancos domésticos sin involucrar al gobierno, como se ha hecho en Panamá.

El segundo obstáculo es si un sistema oficialmente dolarizado puede manejar problemas que envuelvan a todo el sistema bancario. En este punto se debe pensar comparativamente. Países oficialmente dolarizados en ocasiones han sufrido problemas generalizados, pero con menos frecuencia y a un costo más bajo para los contribuyentes que los países con banco central como prestamistas de última instancia (ver Caprio y Klingebiel 1996a, b; Lindgren y otros, 1996). Esto sugiere que no tener un banco central puede en la realidad ser un beneficio en vez de un costo.

Se ha afirmado también que hay un costo de pérdida de flexibilidad en la política monetaria, como cuando el país emisor restringe la política monetaria durante un auge mientras que un país oficialmente dolarizado lo que realmente necesita en una política monetaria expansiva porque está en una recesión. En un sistema monetario dolarizado, el gobierno nacional no puede devaluar la moneda o financiar el déficit presupuestario mediante la creación de inflación porque no emite dinero. Pero, en la práctica, la falta de flexibilidad ha sido beneficiosa en vez de costosa. Muy al contrario de lo que sostiene la justificación teórica a favor de la banca central, en América Latina una mayor flexibilidad en política monetaria ha hecho las tasas de interés más volátiles, en vez de menos, en respuesta a cambios en las tasas de interés en los Estados Unidos (Frankel 1999, Hausmann y otros 1999). Nuevamente, esto sugiere que no tener un banco central es en verdad un beneficio más que un costo.

Beneficios. Los beneficios de la dolarización oficial se generan al usar una moneda que se presume es mejor que la que el banco central doméstico puede ofrecer. En vez de hacer un listado de los beneficios particulares, es más simple pensar en términos de las variadas clases de beneficios que ofrece.

Una clase de beneficios proviene de costos de transacción más bajos –los costos de intercambiar una moneda por otra. Estos costos toman la forma de una diferencia entre las tasas de compra y de venta por convertir moneda doméstica a moneda extranjera. La dolarización oficial elimina los costos de transacción con otros países dentro de la zona unificada de moneda. Efectuar operaciones compensatorias por el riesgo monetario con esos países se hace innecesario, lo cual tiende a aumentar el intercambio y la inversión con ellos. En el caso particular del dólar de los Estados Unidos, la dolarización oficial aun reduce los costos de transacción con otras monedas. Veamos un ejemplo: Transacciones grandes entre, digamos el peso mexicano y el yen japonés, ocurren en dos pasos– un intercambio peso-dólar y un intercambio dólar-yen, porque esos mercados son tan grandes y eficientes que usándolos es en realidad menos costoso que haciendo la transacción directa peso-yen. Usando el dólar reduciría los costos de las transacciones de México con Japón porque eliminaría uno de los pasos de la negociación.

Otro aspecto de los costos de transacción más bajo es que sin la existencia de una moneda doméstica aparte, los bancos podrían mantener reservas más bajas, consecuentemente reduciendo su costo de hacer negocios. La existencia de una moneda doméstica separada implica la necesidad para los bancos de separar, digamos, sus portafolios de pesos y de dólares. Con la dolarización oficial, el portafolio en pesos y el portafolio en dólares se convierten en un gran fondo. Un estudio afirma que, en Panamá, la dolarización oficial permite que las reservas de los bancos sean 5 por ciento del PIB más bajo que lo que serían si Panamá tuviera una moneda doméstica separada (Moreno-Villalaz 1999, p. 437).

Una segunda clase de beneficios resulta de la inflación más baja y menos riesgo de inflación futura. Al usar una moneda extranjera, un país oficialmente dolarizado se asegura de una tasa de inflación cercana a la del país emisor. Usando el dólar, euro, o yen se reduciría la inflación a un solo dígito en vez de los niveles de dos dígitos que muchos países en desarrollo tienen ahora. Se confía en que la inflación del dólar, el euro y el yen continuará siendo baja, en consecuencia, estas monedas tienen tasas de interés bajas y relativamente estables.

La baja inflación aumenta la seguridad de la propiedad privada. El dinero es la forma más difundida de propiedad privada. La inflación es un tipo de impuesto sobre el dinero, y mientras más baja y menos variable es la inflación, más asegurados están los derechos de propiedad sobre el dinero. Debido a que otros activos financieros están denominados en dinero (unidades monetarias), la inflación baja también aumenta su seguridad, lo cual a su vez estimula el ahorro y los préstamos a largo plazo. La inflación baja también ayuda a los jubilados, personas con ingresos fijos y gente demasiado pobre para tener cuentas corrientes por la seguridad de que sus ahorros mantendrán su valor.

Finalmente, otra clase de beneficios resulta de la mayor apertura económica y transparencia, especialmente de parte del gobierno. Porque no hay moneda doméstica que necesita ser apuntalada, la dolarización oficial elimina crisis de balanza de pagos y la racionalidad de los controles de cambio (restricciones en la compra de moneda extranjera), tales como tienen muchos países. Eliminando el poder del gobierno de crear inflación, la dolarización oficial estimula la disciplina presupuestaria. Eso no significa necesariamente que el presupuesto del gobierno va a estar balanceado cada año –Panamá ha tenido en ocasiones grandes déficits– lo que significa es que el déficit debe financiarse a través del método más o menos transparente de impuestos más altos o más endeudamiento en vez del oscuro método de imprimir dinero.

Evaluación de Costos y Beneficios: Hasta ahora sólo tenemos un listado de los costos de la dolarización versus sus beneficios. El análisis fuera mejor si pudiéramos medirlos en términos del PIB ganado o perdido. Si la dolarización oficial es beneficiosa, debería resultar en un crecimiento económico más alto de lo que actualmente es.

Aun si los Estados Unidos no compartieran el señoreaje, el costo del señoreaje perdido sería solamente de un 0,2 por ciento del PIB anual (BCRA 1999). Y como se ve, los países en desarrollo sin bancos centrales en general han tenido un mejor desempeño que aquellos con bancos centrales, lo que sugiere que los beneficios de la dolarización oficial excederían en mucho los costos para la mayoría o todos los países que son posibles candidatos.

Experiencias de dolarización

¿Es tiempo de dolarizar?

UNA PROPUESTA PARA AMÉRICA LATINA Y EL CARIBE

Generalmente se emplea la palabra dolarización para el uso de una divisa extranjera como moneda de curso legal en la economía doméstica, sea o no el dólar estadounidense la moneda asumida. En realidad, aunque muchos países usan monedas extranjeras como medio de cambio, reserva de valor y unidad de cuenta- las tres funciones fundamentales del dinero- pocos países independientes o territorios dependientes han adoptado oficialmente una divisa extranjera como única moneda de curso legal en el mercado interior. Las razones son numerosas: el simbolismo político de la moneda nacional, la historia del uso de las monedas domésticas y extranjeras en la economía nacional, y factores económicos como los costos de la dolarización que envuelve los ingresos perdidos en "señoreaje" al usar la moneda extranjera.

Hasta el 1 de enero de 2000 existían treinta economías oficialmente dolarizadas en el mundo, con una población total de cerca de trece millones de habitantes. Todos los países dolarizados hasta entonces eran muy pequeños, como ejemplo, Montenegro que introdujo el marco alemán como única moneda de curso legal el 2 de noviembre de 1999 (dejando así el área monetaria del dinar yugoslavo). Muchos países dolarizados son islas con apenas unos miles de habitantes. Seis países son miembros del FMI; Kiribati, las Islas Marshall, los Estados Federados de Micronesia, Palau, Panamá y San Marino (la histórica república europea emplea la lira italiana). De estos seis países, el más conocido es Panamá, que tiene una población de aproximadamente 4,058,372 millones de habitantes y un PIB de 32.936 M €. (2014). En el 2015 el PIB creció un 5.8%; en el 2016 un 5.6% y se proyecta un crecimiento de un 5.8% de nuevo para el 2017.(Datos del Instituto Nacional de Estadística y Censo de la Contraloría General de la Republica, Enero 2017).

Últimamente se ha considerado la dolarización oficial en varios países. El caso más prominente de consideración ha sido Argentina por lo que decidimos escogerlo dentro del grupo de países con posibilidades de dolarización. Además, iremos ilustrando a través del desarrollo del libro las experiencias consumadas de dolarización de las Repúblicas de Panamá, Ecuador y el Salvador respectivamente.

CASO ARGENTINA: DOLARIZACIÓN EXTRAOFICIAL

Capital: Buenos Aires

Idioma oficial: Español o castellano

Hablados: Lenguas de Argentina

Gentilicio: argentino/ -na

Forma de gobierno: República federal democrá-
tica

Superficie: Total: 2,780,400 km^2

Agua: 1.1%

Población: Estim. 2016	Total: 43,590,368 hab.
Censo 2010	Total: 40,117,096 hab.
Densidad:	15,68 hab./km2
PIB(PPA): Total 2015	US$964,279 millones
Per Cápita:	US$22,404
PIB (nominal): Total 2014	US$537,660 millones
Per Cápita:	US$12,590
Moneda:	Peso ($, ARS)

Mucha gente confunde la dolarización con el régimen de caja de convertibilidad que colapsó en Argentina en 2001. La dolarización es totalmente diferente, ya que en la caja de convertibilidad hay una moneda local y una tasa de cambio entre esta y el dólar (que en Argentina era uno a uno).

Durante el año 2016 el promedio de tasa de cambio en Argentina estuvo en un promedio de 15.78 ARS con relación al $1USD. En la actualidad Argentina tiene una tasa de cambio de 15.47 ARS con relación a $1USD con una inflación que supera el 40.3% (Datos del Instituto Nacional de Estadística y Censo de la Contraloría General de la República, Enero 2017).

En la actualidad, Argentina tiene una tasa de cambio de 1 US$=9,54 ARS con una inflación de 23,9% fuentes oficiales/ 38,5% fuentes privadas, 2014, pero mantienen suficientes reservas en dólares para una dolarización inmediata si así lo quisiera. Argentina ha permitido una amplia dolarización extraoficial, al punto de que la mayor parte de los depósitos y préstamos bancarios se hacen en dólares.

A pesar del buen desempeño del sistema, Argentina ha experimentado saltos súbitos en la tasa de interés en 1992, durante las crisis monetarias de México en 1994 y 1995, y de Asia y de Brasil a partir de 1997.

En caso de dolarizar, Argentina pretende tres objetivos: compartir el señoreaje producto del uso del dólar, acceso de los bancos argentinos a la ventana de descuento del Sistema de Reserva Federal, lo que les permitiría préstamos en caso de problemas; y, cooperación en la supervisión de los bancos. Además, ellos piensan que un acuerdo formal haría políticamente más firme la integración económica. Frente a esta situación de Argentina los funcionarios del Tesoro de los Estados Unidos y del Sistema de Reserva Federal han indicado que no otorgarán acceso a la ventana de descuento ni supervisarán los bancos de los países dolarizados, pero si están abiertos a la posibilidad de compartir señoreaje.

CASO PANAMÁ

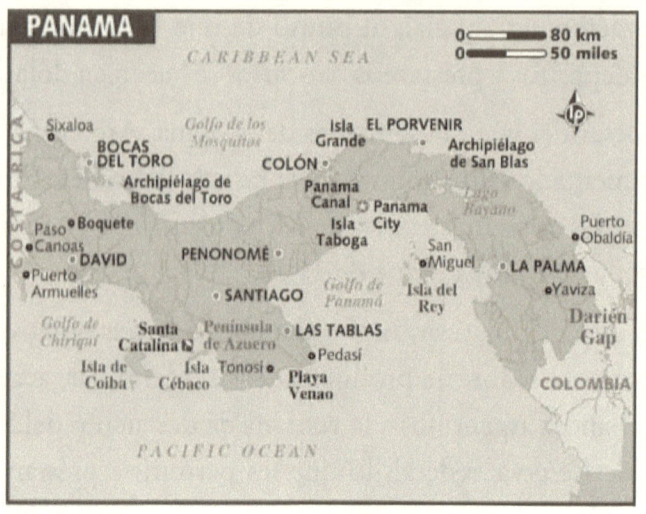

Población:	3.93 millones (2015)
Area Territorial:	29,120 sq. miles (75,420 km²)
Agua:	2.9%
PIB:	$52.13 billion USD (2015)
Capital:	Panama
Idioma:	Español
Grupos Etnicos:	71.7% Mestizo y Blancos
	16% African American
	12.3% Amerindian
Gobierno:	Constitutional con un presidente
Población:	Aprox. Julio 2015: 3,929.141 millones

Census 2010:	3,405,813 millones
PIB (PPA):	2015 estimado
	Total: $82.179 billones
	Per Capita $20,512
Moneda:	Balboa (PAB)
	Dólar de Estados Unidos de Norteamérica

Para 1997, Panamá tenía 2.7 millones de habitantes y un producto interno bruto (PIB) de $8,7 miles de millones.

En el año 2000 el presupuesto anual establecía 2.687 millones de dólares de ingresos y 2.804 millones de gastos, y ya para el 2002 el producto interno bruto (PIB) fue de 12.296 millones de dólares, con una renta per cápita de 4.180 dólares (según estimaciones del Banco Mundial).

Para el año 2013 el PIB fue de $42.65 mil millones con un crecimiento del PIB de 8.4% y una inflación de 4.0%.

En 2014 la cifra del PIB fue de US$47.459 millones, unos US$4.810 millones más que el año 2013, equivalentes a 32.936 M €. En cuanto al Euro el valor absoluto del PIB en Panamá creció 2.526 M.€ respecto a 2013.

El PIB Per cápita de Panamá en 2014 fue de 8.389€, 492€ mayor que el de 2013, que fue de 7.897€. Para ver la evolución del PIB per cápita resulta interesante mirar unos años atrás y comparar estos datos con los del año 2004 cuando el PIB per cápita en Panamá era de 3.467.

PIB	$52.13 mil millones	2015
Crecimiento del PIB	5.8%	2015
Inflación	0.1%	2015

Durante la última década, Panamá ha sido una de las economías de más rápido crecimiento en todo el mundo. El crecimiento medio anual fue del 7.2 por ciento entre 2001 y 2013, más del doble del promedio de la región. La economía panameña creció un 6.2 por ciento en 2014, un 5.8 por ciento en 2015, y para el 2016 la previsión es de un 6.0 por ciento.

En cuanto a población para el año 2004, Panamá contaba con una población de 3,000,463 habitantes, lo que daba al país una densidad de 40 habitantes / kilómetros^2.

Ya para el año 2013 la población había crecido a 3.864 millones.

Población para el 2015: 3.929 millones

INDUSTRIA FINANCIERA EN PANAMÁ

91 licencias bancarias otorgadas por la Superintendencias Bancaria estuvieron vigentes hasta marzo del 2015.

7.5% aporte del Centro Bancario Internacional al Producto Interno Bruto de Panamá. Es el sexto rubro que más aporta.

1970 Con la aprobación del Decreto 238 del 2 de julio de 1970 nace el Centro Bancario. En julio del 2016 cumplió 46 años de existencia.

1998 Desaparece la Comisión Bancaria Nacional y surge la Superintendencia de Bancos de Panamá, nueva autoridad reguladora de la banca.

Panamá adoptó el dólar norteamericano como moneda de libre circulación legal en el año de 1904, siendo a partir de ahí la moneda oficial de esa nación, realizándose todas las transacciones económicas y de pagos en dólares estadounidenses.

En la economía panameña las tasas de interés son similares a las que se registran en la mayoría de los mercados internacionales, esto es préstamos al comercio entre un 2 y un 4% promedio en los últimos 20 años, lo que refleja una gran estabilidad, al contrario de lo que sucede en otras economías latinoamericanas. En lo que respecta a la tasa de inflación, ésta se ha mantenido en una situación estable aproximadamente un 3% desde fines de los '70 e inicios de los 80', lo cual también ha contrastado con las inusuales tasas inflacionarias de economías de los países más desarrollados en Latinoamérica como son Argentina, Chile, Brasil y Colombia, entre otras, que durante estos mismos años han experimentado niveles inflacionarios de varios dígitos.

En Panamá, cuando existe un exceso de oferta monetaria, es decir, un aumento del medio circulante, a causa del incremento de los depósitos a la vista o en cuenta corriente en la banca comercial y la caja o numerario del público (billetes y monedas en poder del público), la Banca Privada interviene aumentando sus depósitos en el exterior, en sus filiales y en otros bancos.

En caso contrario, si se presenta un exceso por el lado de la demanda monetaria, la Banca actúa en sentido inverso, procurando los recursos financieros que necesita para atender esa demanda creciente, mediante préstamos en los mercados internacionales, o bien disminuyendo sus reservas. Esto significa que la Banca Privada panameña ejerce un papel regulador, en el equilibrio necesario de los flujos de capital.

En general, Panamá posee un sistema monetario basado en cuatro pilares fundamentales, que son: dólar norteamericano, libertad de acción de los mercados, competitividad bancaria, ausencia de Banco Central.

Dólar norteamericano: El dólar norteamericano es su moneda oficial, a pesar de tener como moneda nacional al Balboa, pero solo como una unidad de contabilidad, aunque el Gobierno realiza una emisión limitada de monedas de plata con esa denominación.

Libertad de los Mercados: Hay completa libertad de acción en los mercados de capitales. No hay intervención oficial ni restricciones o regulaciones a la actividad bancaria. Esto significa que el flujo de capitales y el nivel de las tasas de interés se determinan por las fuerzas de oferta y demanda que interactúan en el mercado.

Competitividad Bancaria: Existe un alto nivel de competitividad en el sistema bancario, lo que contribuye a mejorar la eficiencia y darle fluidez a la operatividad del sistema, al existir una gran cantidad de entidades bancarias de capital privado extranjero.

Ausencia de Banco Central: No hay Banco Central, lo que significa un ahorro creciente de recursos, al no tener que preocuparse por el mantenimiento de un stock de reservas internacionales para enfrentar los compromisos de pagos externos contraídos, ni tampoco verse compelido el Gobierno a realizar inyecciones de divisas para estabilizar la tasa de cambio, o para reducir o aumentar la oferta monetaria.

El sistema monetario panameño, con integración financiera, ha mostrado una impresionante estabilidad económica, habilidad para ajustarse a grandes movimientos de capital, y ajustes a choques sin importantes desequilibrios, y sin distorsiones en los macro-precios. Adicionalmente, muestra bajos intereses, a niveles similares al de los mercados internacionales, equilibrio macroeconómico sostenido, y bajo costo operacional. La experiencia monetaria panameña no presenta crisis macroeconómicas inducidas por las políticas seguidas, no ha habido crisis del sistema bancario, ni la necesidad de un Banco Central como prestamista de último recurso.

El mecanismo de equilibrio con integración financiera no es el tipo de cambio real (TCR), sino más bien, es el cambio en la posición neta de pasivos de los bancos. El ajuste en el portafolio de los bancos juega un papel esencial en la integración financiera, la movilidad de capital de empresas y personas son necesarias, pero no' suficientes. La cantidad de dinero está determinada por la demanda, no por la oferta del banco central. Un sistema de moneda unificada como el de Panamá facilita lograr la integración financiera, y por esta razón debe ser considerado como el sistema preferido cuando sea posible.

El sistema panameño compendia la operación de un sistema macroeconómico de mercado. Como tal, las lecciones que se derivan del mismo son útiles para otros países, incluso aquellos con sistemas diferentes. Las recetas de política macroeconómica en boga parecen dudosas y debatibles. Además, inferencias condicionadas implícitamente en la existencia de distorsiones en mercados financieros y en los macro-precios son cuestionables. La proposición que un exceso de flujos de capital produce un exceso de demanda por los bienes no transables y un significativo cambio en el tipo de cambio real (TCR) es refutada. Además, es la falta de integración financiera la que genera excesos de flujos de capital y de oferta monetaria, lo que, a su vez, afecta los precios de los activos y lleva a una apreciación del TCR. La experiencia de Panamá respalda la solución sistémica de los problemas macroeconómicos en contraste de un modelo administrado (basado en un banco central) e implica que la integración financiera debe ocurrir al inicio del proceso de liberalización.

A juzgar por los indicadores económicos, Panamá parece haber encontrado la respuesta a las recurrentes crisis económicas, al adoptar la dolarización a principios de siglo como mecanismo viable para llevar a cabo su manejo monetario y su inserción en el mercado internacional. Su experiencia de dolarización de su economía, puede evaluarse como exitosa, en vista de que el sistema ha funcionado de manera eficiente, ya que las grandes entradas y salidas de capital que se han suscitado no han generado inestabilidades apreciables ni una volatilidad de importancia en los mercados financieros.

Pese a su estatus de país de ingreso medio, Panamá aún se mantiene como una sociedad de agudos contrastes. Su robusto crecimiento económico actual representa una oportunidad histórica para avanzar en la reducción de la pobreza y la desigualdad. Se ha afirmado en diferentes evaluaciones que Panamá es el único país de América Latina que no ha sufrido de alta inflación y devaluaciones monetarias en los últimos 15 años.

CASO ECUADOR

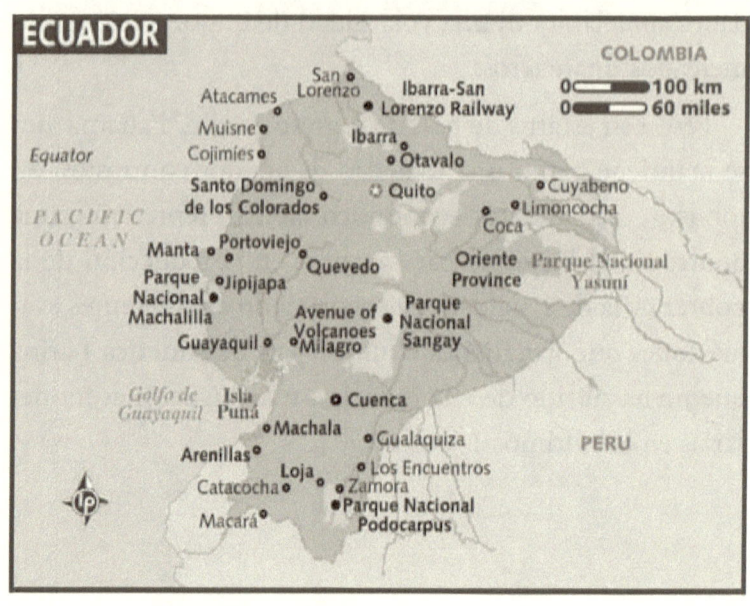

Capital: Quito

Idioma: Español

Lenguajes regionales: Quichua, Shuar y otras

son usadas oficialmente

por los indígenas

Grupos étnicos: 78% Mestizos y blancos

7.4% Montubio

7.2% Raza negra y

Afroecuatorianos

	7% Indiosamericanos
	0.4% Otros
Gentilicio:	ecuatorianos
Gobierno:	Republica constitucional
	con presidente
Población: Estim. 2015	16,144,000 millones
Censo 2010	14,483,499 millones
Territorio:	283,560 km.= 109,484 sq. mi
Moneda:	Dólar de Estados Unidos
	de Norteamérica
	Hasta el 2000 SUCRE
	reemplazado por el USD
	y por las monedas
	de centavo ecuatoriana
PIB (PPP): Estim. 2016	Total $194,845 billones
Per Cápita	11.778

Desde la vigencia de la República en 1830, Ecuador ha experimentado diversos sistemas cambiarios del tipo de incautación de divisas, devaluaciones graduales, macro devaluaciones, bandas cambiarias o flotación sucia y la libre flotación del dólar. Al margen de los esquemas que aplicaran los gobiernos de turno, la dolarización informal de la economía se fue concretizando como un hecho real. Transacciones de bienes y servicios se realizaban tomando en cuenta a la divisa estadounidense como referencia. El dólar dirigió los destinos de los habitantes y las transacciones comerciales y financieras de sociedades naturales y jurídicas. Su incidencia en las diversas actividades privadas y públicas se profundizó a raíz de la aprobación de la Ley de Instituciones del Sistema Financiero y Banco del Estado en 1995. Esta ley trajo de la mano la posibilidad de abrir cuentas bancarias en dólares y las operaciones en esa divisa se hicieron cotidianas en la vida de los ecuatorianos. Únicamente los salarios, no se pagaban en dólares.

Finalmente, el proceso de dolarización comenzó a debatirse en septiembre de 1998. Su propulsora fue la empresaria Joyce de Ginatta, quien desde la Cámara de la Pequeña Industria del Guayas planteó al régimen la alternativa de la dolarización para enfrentar la debacle de la economía e impedir que los salarios de los trabajadores continuaran pulverizándose. Desde esa fecha se comenzaron a sumar adeptos a la propuesta. La diaria devaluación del sucre mantenía en vilo a los habitantes pues el sucre se había depreciado en más del 150%. Pese a las intervenciones del Banco Central y al drenaje de la Reserva Monetaria Internacional, el sucre continuó su devaluación hasta llegar a un máximo de depreciación de 355% Es decir que los salarios al 9 de enero del 2000, se habían reducido a la tercera parte de lo que valían en dólares en agosto de 1998

Los incrementos desmesurados en un mismo día en el precio del dólar, el congelamiento de los depósitos, la fuga de capitales al exterior, la desconfianza en la administración del gobierno fueron algunos de los detonantes que causaron un estado de depresión, impotencia y desesperación colectiva en los ecuatorianos. Con su propuesta la Sra. Joyce de Ginatta, pretendía mitigar esta desesperación ciudadana. Ecuador en menos de diez años pasó de ser una economía poco dolarizada a otra altamente dolarizada.

El 9 de enero del 2000, el Presidente de Ecuador, anunció a los 13 millones de habitantes de Ecuador su decisión de implantar un programa de dolarización económica. Con la aprobación de la Ley Fundamental para la Transformación Económica del Ecuador en febrero del 2000, se ratificó y se puso en marcha la dolarización.

Dolarizar Ecuador no solo estuvo acorde con lo que ocurría al interior del país sino también con la tendencia internacional. Desde el anuncio de la dolarización se estabilizó el mercado cambiario y se frenó el alza del dólar. La tranquilidad volvió a los habitantes, quienes empezaron a adaptarse al nuevo modelo. Una muestra de la creatividad y esfuerzo de la sociedad civil fue la comercialización de las tablitas de conversión, que han sido de gran ayuda para la comunidad, bancos, industrias, comercios y el ciudadano común.

TABLA 6

EVOLUCIÓN DEL TIPO DE CAMBIO
DEL DÓLAR EN ECUADOR

MES Y AÑOS	PRECIO EN SUCRES
Diciembre 1990	899,50
Diciembre 1991	1.301,50
Diciembre 1992	1.846,94
Diciembre 1993	2.043,78
Diciembre 1994	2.279,69
Diciembre 1995	2.926,05
Diciembre 1996	3.633,85
Diciembre 1997	4.437,44
Diciembre 1998	6.770,42
Diciembre 1999	19.917,14
Enero 2000	25.000

Informe Banco Central de Reserva del Ecuador. 17 años de experiencia del dolarización en el ecuador. Artículo publicado en el www.eluniverso.com, enero 15,2015

La dolarización como sistema monetario del Ecuador cumplió 17 años los cuales han sido administrados por cuatro diferentes gobiernos. La dolarización, se ejecutó como una respuesta a la depreciación incontrolable del sucre y a la espiral inflacionaria que este hecho estaba causando en el seno de la sociedad. Los precios subían de un día a otro y los proveedores, exigían dólares y los productos se comercializaban en medio de un tipo de cambio variable.

Ecuador dolarizó con un tipo de cambio de 1 dólar: 25.000 sucres, que fue producto de la igualdad contable. Los activos líquidos del Banco Central de Ecuador, que formaban parte de la Reserva Monetaria Internacional, se dividieron para el total de pasivos que se podían presentar al canje. Una vez hecha la dolarización los dólares empezaron a llegar físicamente de EE.UU. en avión. El sistema dio estabilidad a la economía y a las finanzas familiares.

Diecisiete años después a decir de los especialistas, el sistema ha tenido efectos más positivos que negativos, a nivel macro e individual. El sistema dio estabilidad a la economía y a las finanzas familiares, a la clase media, por ejemplo, ha podido planificar y adquirir deudas – que alcanza a pagar- una vivienda o un auto. En el caso de vivienda, el nivel de morosidad en el sistema financiero bajó del 8% en el 2002 a 2% en el 2013, según la Superintendencia de Bancos. El dólar ha permitido endeudarse a largo plazo y ha estabilizado la economía y las finanzas a pesar de los altibajos políticos. Su primer efecto fue la reducción de la inflación a un dígito. Hoy oscila entre 3% y el 4%. Esta aparente estabilidad cambiaria ha creado una burbuja de confianza sobre todo en los consumidores.

Indicadores

Años	Tasa nacional de pobreza por ingresos (%)	Ingreso por habitante (en dólares)	Inflación anual (%)	Coeficiente GINI (mide la desigualdad social)
2000	64,4	1.462	91	0.580
2001	55,2	1.914	22,4	0.600
2002	49	2.191	9,4	-
2003	49,9	2.442	6,1	0.560
2004	44,6	2.705	1,95	0.570
2005	42,2	3.013	3,14	0.555
2006	37,6	3.337	2,87	0.530
2007	36,7	3.575	3,32	0.550
2008	35,1	4.256	8,83	0,515
2009	36,0	4.237	4,31	0,504
2010	32,8	4.637	3,33	0,505
2011	28,6	5.200	5,41	0,473
2012	27,3	5.656	4,16	0,477
2013	25,6	6.003	2,7	0,485
2014	24,5*	-	3,67	0.486*

Fuente: Instituto Nacional de Estadística y Censos / Banco Central del Ecuador * hasta junio

CASO EL SALVADOR

Idioma oficial:	Español
Gentilicio:	salvadoreño, -a
Forma de Gobierno:	Republica presidencialista
Territorio:	Total: 21,041 km2
Agua:	1.5
Población: Estim. 2015	6,521,000 hab.
Densidad: Estim.	309.90 hab./km2
PIB (PPP): Total 2015	US$52,884 millones
Per Cápita: 2014	US$8,100
PIB(nominal): Total	$25,200 millones
Per Cápita	$4,046
Moneda:	Dólar estadounidense ($, USD)

Entre los años 1992 y el 2000, la economía salvadoreña mantuvo una estabilidad en el tipo de cambio (en 8.76 colones por un dólar) debido principalmente a la masiva entrada de dólares al país por concepto de remesas, préstamos y la inversión extranjera. La inflación promedio de estos ocho años fue de 7.5%.

Los exportadores, agrupados en la Corporación de Exportadores de El Salvador (COEXPOR) continuamente señalaban que la moneda nacional estaba sobre valorada y demandaban un tipo de cambio real (devaluación de la moneda), para que sus productos no perdieran competitividad en el mercado externo. Ese reclamo era respaldado por instituciones vinculadas a la gran empresa, como la Fundación Salvadoreña para el Desarrollo Económico y Social (FUSADES), y por algunas personalidades del mundo empresarial y académico. Incluso, la Asociación Nacional de la Empresa Privada (ANEP), máximo gremio de la gran empresa, en una propuesta económica presentada en agosto del año 2000 planteó la vieja idea de crear un modelo basado en el desarrollo de las exportaciones, lo que implicaría necesariamente orientar la política cambiaria en función de la estrategia de exportación, para lo cual se requería devaluar.

Contrario al anhelo de los exportadores, los sucesivos gobiernos (1989-94) (1994-99) decidieron mantener estable el tipo de cambio a pesar de que en sus programas económicos se hacía referencia a la necesidad de hacer de las exportaciones el eje del funcionamiento económico. La baja de los aranceles (de un techo de 230% a 15%) y la estabilidad cambiaria de 8 años abarató las importaciones e hicieron más dependiente la economía de los insumos y alimentos importados, lo que favoreció a los importadores y banqueros.

Entre 1991 y 1999 las importaciones pasaron de 1,770 millones de dólares a 4,650 millones. Las exportaciones crecieron en menor proporción y el déficit comercial aumentó de 840 millones de dólares a 1,515 millones en el mismo período. El desequilibrio comercial se cubría con remesas familiares y préstamos, cuyos montos eran tan elevados que hasta permitían que la balanza de pagos tuviera superávit y que aumentaran las reservas monetarias, las cuales pasaron de 260 millones de dólares en 1990 a casi 2,000 millones en el año 2000.

La economía salvadoreña de los años noventa no giró alrededor del sector exportador, sino del comercio importador y del sistema financiero, que destinó el 40% sus créditos hacia las actividades comerciales. La decisión gubernamental de no devaluar tenía que ver con el interés de mantener una inflación baja y no encarecer la deuda pública externa en moneda nacional, lo que sería muy negativo para las finanzas públicas, siempre deficitarias. El pago de la deuda externa representaba el 12% del presupuesto nacional.

En resumen, los gobiernos en vez de estimular las exportaciones, pusieron énfasis en el control de la inflación, en la estabilidad cambiaria y en la acumulación de reservas monetarias. En otras palabras, sacrificaron el modelo en aras de la estabilidad económica. Como las remesas, los préstamos y la inversión extranjera (en algunos años) generaban suficientes divisas como para garantizar el financiamiento de las importaciones, el pago de la deuda externa y el crecimiento de las reservas, al Gobierno no le preocupó el poco dinamismo de las exportaciones.

El principal instrumento para lograr la estabilidad cambiaria fue la política monetaria. Cuando había síntomas de que los precios subirían, el Banco Central de Reserva (BCR) aumentaba el encaje legal, para controlar el crédito y restringir la demanda. Eso ocurrió en 1993, 1995 y 1996. Lo mismo hacía el BCR cuando el déficit comercial se expandía mucho y amenazaba con disminuir las reservas monetarias. En este caso el control del crédito tenía por finalidad moderar el crecimiento de la producción y, en consecuencia, de las importaciones, la mayoría de las cuales está vinculada al aparato productivo (materias primas y bienes de capital). Eso ocurrió en 1998 y 1999.

A la resistencia de los gobiernos a devaluar se le sumó la presión ejercida por los banqueros para que no se fuera a dar ese paso, debido a que ellos se endeudaron con bancos del exterior, a los que le solicitaron préstamos al 9% de interés para colocarlos en el país a un interés de 20%. La devaluación tampoco sería del agrado de los importadores, quienes tendrían que vender más caros los bienes traídos del exterior, con el riesgo de vender menos. Además, los exportadores y Fundación Salvadoreña para el Desarrollo Económico y Social (FUSADES) no dejaban de presionar para que se modificara el tipo de cambio.

CAÍDA DE LAS VENTAS Y ACUMULACIÓN DE INVENTARIOS

Después de crecer a una tasa promedio de 6.5%, entre 1992 y 1995, la economía salvadoreña perdió dinamismo y sólo creció en un 3% entre 1996 y 1999. El elevado crecimiento de 1992-95 se debió a que, tras el fin de la guerra y el saneamiento y privatización de la banca (1991-92), aumentó la inversión privada (15%) y pública (12%), ésta última estimulada por el Plan de Reconstrucción ejecutado al finalizar la guerra. También se reactivó el mercado regional, donde El Salvador coloca el 25% de sus exportaciones. Para 1992, por primera vez las exportaciones hacia Centroamérica (257 millones de dólares) superaban a las exportaciones tradicionales, compuestas por café, azúcar, algodón y camarones (217 millones).

El alto crecimiento de la producción y de las importaciones durante los primeros años de la década del noventa, fue generando una oferta de bienes superior a la capacidad de demanda. Para la segunda mitad de la década, cuando las inversiones ya habían madurado, muchas empresas empezaron a tener problemas de venta, sobre todo en los años 1999 y 2000. En una economía con un mercado pequeño, con un elevado desempleo y con una alta concentración del ingreso, el dinamismo de los primeros años no podía sostenerse.

Los problemas de demanda se agravaron con el paso del huracán Mitch, en 1998, y con la caída de los precios del café a finales de ese mismo año. Los daños a las economías centroamericanas (salvo Costa Rica) afectaron las exportaciones de El Salvador hacia la región, que se estancaron en 1999. Adicionalmente, la caída de los precios del café provocó una disminución de las exportaciones del grano en un 24% en 1999.

Ante esa situación, que era previsible a finales de 1998, el gobierno controló el crecimiento del PIB, para que las importaciones no se expandieran y la balanza de pagos no cerrara con un déficit que disminuyera las reservas monetarias. El mecanismo utilizado para detener el crecimiento del PIB y las importaciones fue el encaje legal, que pasó de un 20% a un 24%.

En 1999 el crédito al sector comercial disminuyó en un 7%. Y el destinado al comercio importador cayó en 2.5%. Al cerrar el año 1999, el PIB apenas había crecido en 2.6% (1% menos que en 1998), las exportaciones de bienes crecieron en 1.6% y las importaciones en 2.5%, tasa muy inferior al 16.5% logrado en 1997 e incluso al 6.5% de 1998. Al comprimirse la demanda, la tasa de inflación cerró en −1%. A su vez, la baja producción provocó una caída del empleo de 15.4% en el comercio, 13.4% en la industria y 5.2% en el sector de la construcción.

La política económica restrictiva de finales de 1998 y de los años 1999 y 2000, al contraer la demanda hizo que disminuyeran las ventas y que se acumularan los inventarios de las empresas. Después de una variación de existencias negativa en 1997 (-543 millones) los inventarios acumulados se elevaron a 711 millones de colones en 1998 (6% de la formación bruta de capital) y volvieron a crecer en 106 millones en 1999.

La crisis de venta se reflejaba en los principales sectores de la economía (con excepción del agro), pero sobre todo en el sector de la construcción. Al bajar las ventas, las empresas tuvieron menos utilidades y cayeron en mora con los bancos. La mora bancaria llegó a un 7.3% en 1999, muy superior al 3% que establecen los parámetros internacionales. Como resultado, los bancos empezaron a embargar empresas, lo que obligó al Gobierno a crear una comisión que tratara el tema del salvataje —préstamos a largo plazo y bajos intereses a las empresas morosas-, sin que se lograran resultados importantes.

El sistema financiero se tambaleaba un poco ya que en ese momento dos grandes bancos controlaban el 50% del patrimonio, los depósitos, los préstamos y el 70% de todas las utilidades. La crisis de liquidez recayó sobre los bancos pequeños lo que llevo a algunos a la quiebra, mientras que otros afrontaron moras hasta del 20% de sus carteras. Pero la mora de los dos grandes bancos apenas llegaba de 1.86% y 1.96%, respectivamente. De manera que el problema de liquidez afectó sobre todo a los bancos pequeños, medianos y a los del Estado.

En el año 2000 continuaron los embargos, los problemas de liquidez y las fusiones de bancos pequeños con los grandes. Aunque en el año 2000 el encaje legal volvió a ser de 20%, la demanda de crédito continuó baja, por los problemas de acumulación de inventarios de las empresas. Además, el aumento del desempleo comprimió más el mercado interno y agudizó los problemas de venta.

Consciente de la problemática descrita, la ANEP (la Asociación Nacional de la Empresa Privada (ANEP), presentó una propuesta para reactivar la economía nacional, en la que combinaba la vieja idea de desarrollar el sector exportador con la necesidad de ampliar el mercado local sin alterar la estabilidad macroeconómica. En su propuesta, la gremial empresarial le pedía al gobierno que aumentara sus gastos en educación, salud y construcciones (anillo periférico, caminos rurales, etc.), que creara un fondo para ayudar a los constructores a hacerle frente a sus deudas con el sistema financiero y que redujera el encaje legal para dinamizar la demanda interna.

Lo que en definitiva sugería la ANEP era que el Gobierno creara la demanda que la inversión privada no era capaz de generar, para que los constructores vendieran sus casas, los industriales despacharan su producción, el comercio vendiera sus mercancías y los bancos recuperaran sus créditos. De esa manera se crearían condiciones para que la producción volviera a crecer a 5%, sin afectar el equilibrio macroeconómico.

Por otra parte, la propuesta de la ANEP no decía de dónde debía sacar el Gobierno todos los recursos para financiar semejante inversión. Sin embargo, su planteamiento sugería la obtención de dinero de la privatización de empresas del Estado. Que se arrendaran el Zoológico, la Imprenta Nacional, la Radio Nacional, la Lotería Nacional, el Aeropuerto, la administración del Puerto de Acajutla, los turicentros y los sitios arqueológicos. Sólo para completar la cobertura de educación y salud el gobierno debía aumentar su presupuesto en un 40%, en un momento en que su déficit alcanza el 3.5% del PIB.

Para obtener recursos adicionales, el gobierno tendría que aumentar el Impuesto Sobre el Valor Agregado (IVA), los aranceles o el impuesto sobre la renta, que representan el 92% de sus ingresos. Y como los aranceles y la renta no se pueden tocar (porque se afectaría a los empresarios y los esfuerzos de integración) sólo quedaría aumentar el IVA, lo que provocaría una espiral inflacionaria que anularía parte de la inversión social, afectaría la estabilidad de precios y desestabilizaría aún más las variables monetarias. La propuesta de los empresarios de aumentar el gasto público no era viable.

Sin embargo, el planteamiento tenía una segunda parte en la que se emplazaba al gobierno a determinar el régimen cambiario: "dolarización, flotación, caja de convertibilidad o situación actual". La cúpula empresarial no se inclinó por un determinado esquema, pero le dio un ultimátum al gobierno en lo que concierne a la política cambiaria. Había llegado la hora de ponerle fin al conflicto alrededor del tipo de cambio.

El 27 de noviembre del año 2000, la Asamblea Legislativa de El Salvador aprobó un proyecto de ley de "Integración Monetaria", el cual contenía un conjunto de medidas que llevaría a la sustitución de la moneda nacional (el colón) por el dólar de Estados Unidos, para iniciar la dolarización de la economía a partir de enero del año 2001.

Lo que se buscaba con esta nueva ley de Integración Monetaria era darle respuesta desde el contexto económico y político a tres problemas fundamentales:

- La controversia de los empresarios alrededor del régimen cambiario,

- La caída de las ventas ocasionada por la sobreproducción de finales de la década del noventa y acumulación de inventarios

- El riesgo de un futuro gobierno de izquierda.

CONTENIDO DE LA LEY DE INTEGRACIÓN MONETARIA

Disposiciones más importantes contenidas en la Ley de Integración Monetaria:

1. Se fija la tasa de cambio en 8.75 colones por dólar.

2. El dólar se convierte en moneda de curso legal.

3. Los precios de los bienes y servicios se podrán expresar en colones o en dólares, al nuevo tipo de cambio.

4. Se establece la libertad de contratar en cualquier moneda dura.

5. El Banco Central de Reservas, por medio del sistema bancario, convertirá todos los billetes y monedas en colones a dólares, en el momento en que se lo demanden, a una tasa de cambio de 8.75 colones por dólar.

6. Las instituciones financieras podrán prestar y recibir depósitos en dólares.

7. El Ministerio de Hacienda asume las deudas del BCR.

8. Se expresarán en dólares todas las operaciones financieras, tales como depósitos bancarios, créditos, pensiones, y otras realizadas por medio del sistema financiero, así como los registros contables del sistema financiero.

9. Los bancos, compañías de seguros y entidades emisoras de títulos valores, deberán informarle a la Superintendencia del Sistema Financiero, 45 días después de aprobada la ley, los cambios para cumplir con ella.

10. El BCR no podrá otorgar créditos, avales, fianzas y garantías a los bancos, intermediarios financieros no bancarios e instituciones oficiales de crédito. Sí podrá emitir bonos u otros títulos valores expresados en dólares.

11. La Superintendencia establecerá una reserva de liquidez que los bancos deberán mantener en forma proporcional a sus depósitos y obligaciones.

Dicha reserva será remunerada y podrá ser retirada por los bancos haciendo uso de varios tramos, el último de los cuales (50%) deberá autorizarlo la Superintendencia.

12. El BCR podrá realizar operaciones de reparto con los bancos, con títulos valores en dólares emitidos por el Gobierno, por el propio BCR o por el Instituto de Garantía de Depósitos. Lo hará para prevenir situaciones de iliquidez general del sistema financiero, para restablecer la liquidez en caso de una crisis causada por una contracción del mercado o por fuerza mayor.

Aunque la Ley aparenta establecer un bimonetarismo, lo cierto es que su aplicación conduce a la dolarización de la economía, pues los bancos comerciales deben enviar sus colones al BCR y éste le debe pasar a cambio el equivalente en dólares, a una tasa de 8.75 colones por un dólar. Y como el BCR no podría emitir colones, al cabo de un tiempo la moneda nacional desaparecerá. La oficialización de la Dolarización sería la esencia de la Ley.

BENEFICIOS DE LA DOLARIZACIÓN EN EL SALVADOR

La dolarización trajo varios beneficios al país.

Primero, las tasas de interés cayeron inmediatamente, aliviando la carga financiera de las empresas, los compradores de vivienda y los consumidores. Las tasas cayeron a pesar de que en Latinoamérica los intereses subieron durante la crisis de 2001-02.

Desde entonces, las tasas salvadoreñas han sido las más bajas o las segundas más bajas en Latinoamérica. Como resultado, los prestatarios privados se ahorraron $3.000 millones en pagos de intereses en el período del 2001 al 2009.

Este ahorro ha permitido a las empresas aumentar sus inversiones productivas y pagar mejores sueldos, mientras que para los compradores de vivienda y los consumidores fue como un aumento de sueldo que no causó costos a las empresas.

Segundo, la dolarización permitió que los bancos prestaran a largo plazo en la moneda en que están denominados los salarios y los precios. Antes de la dolarización, había créditos a mediano y largo plazo, pero, como en otros países, estaban denominados en dólares, lo cual generaba un riesgo cambiario muy serio. Si el colón se devaluaba, el monto en colones de los créditos en dólares aumentaría proporcionalmente, amenazando con graves pérdidas a los prestatarios y a los bancos mismos. Con la dolarización los prestatarios pueden tomar créditos de largo plazo sin exponerse a este riesgo.

Tercero, desapareció la segmentación del mercado que existía antes de la dolarización, en la que las empresas pequeñas y la clase media tenían que tomar prestado en colones mientras que los que tenían garantías en dólares podían prestar en esta moneda con menores costos. Esto ayudó a nivelar la competencia entre empresas de diversos tamaños.

Cuarto, la dolarización les quitó a los políticos el poder de inflar la economía a través de imprimir dinero, con lo que se institucionalizó una tasa baja de inflación y se dio confianza a los inversionistas de que sus utilidades y su capital no serían devaluados.

Desde el 2001, El Salvador ha estado entre los dos o tres países con menor inflación en Latinoamérica. Cuando se implementó la dolarización, los comerciantes redondearon hacia arriba cuando tradujeron los precios de colones a dólares. Pero con todo y el redondeo, que fue un fenómeno temporal, la inflación en ese año fue de sólo 3,8%.

Existe la idea de que los países dolarizados tienen problemas para hacer crecer sus exportaciones porque no pueden devaluar su moneda. En realidad, la dolarización ha fomentado las exportaciones porque reduce los intereses y el costo del capital. Esto, más la seguridad de que no habrá manipulaciones populistas de la moneda, ha fortalecido el atractivo de invertir en el país.

El Salvador no ha devaluado desde 1992 y sin embargo sus exportaciones han crecido más que las de la mayor parte de Latinoamérica desde esa fecha.

Otros aspectos técnicos en la dolarización oficial

¿Es tiempo de dolarizar?

UNA PROPUESTA PARA AMÉRICA LATINA Y EL CARIBE

Fuera de la base monetaria, otros bienes y perdidas potenciales adjudicadas deben ser expresadas en términos de dólares. A todos los efectos contables, las ganancias y perdidas y precios serán convertidos en sus libros de moneda domestica a moneda dólar al nivel de intercambio que el gobierno disponga. En términos del dólar, tendrán presumiblemente el mismo valor que antes. La única diferencia será que ahora serán expresados en dólares, que son una unidad más estable, contablemente.

Para el momento el cual un país dolariza oficialmente, las leyes que hacen legal a una unidad monetaria domestica dejan de regir, aunque el gobierno de ese país continúe por algún tiempo después aceptando moneda doméstica para la circulación y el pago del cambio en dólares hasta que el dólar sea legalizado como moneda corriente.

PROBLEMAS TÉCNICOS
DEL PROCESO DE DOLARIZACION

Vamos a asumir que el proceso de dolarización se lleva a cabo en algún país de América Latina o el Caribe y que la moneda extranjera a usarse es el dólar y la moneda doméstica se llama peso. La dolarización oficial puede generar algunos problemas técnicos adicionales que deben tomarse en consideración. Veamos.

Ímpetu Inflacionario: La única diferencia entre el último día del peso y el primer día de la dolarización oficial es que, en vez de ser cotizados en pesos, los precios serán cotizados en su equivalente en dólares. Si el país dolarizándose estaba sufriendo de una inflación alta bajo el peso, el ímpetu inflacionario puede persistir durante un corto tiempo después de la dolarización, pero se revertirá en vista de que la base monetaria en dólares está fuera del control local.

En los países dolarizados extraoficialmente, la gente no incrementa los precios en dólares solo porque la inflación alta hace subir los precios en la moneda doméstica, sino más bien, porque los precios en dólares son estables y los precios en la moneda doméstica fluctúan de acuerdo a los cambios en la tasa de cambio.

Ciclos Económicos: La dolarización oficial enlazará los ciclos económicos locales más estrechamente a los ciclos económicos de los Estados Unidos que lo haría una tasa de cambio flotante. El crecimiento en importaciones domésticas y exportaciones tendrían una mayor sincronización con el crecimiento de las importaciones y exportaciones del país emisor porque los cambios en la tasa de cambio del dólar contra, por ejemplo, el yen japonés, tendrá efectos similares en los Estados Unidos y en el país dolarizado. Sin embargo, el país dolarizado puede crecer aun cuando los Estados Unidos experimenten una recesión, y puede experimentar recesión aun cuando los Estados Unidos crezca.

Asuntos Legales: Siempre surgirán temas legales con respecto a tasas de interés, redondeo de precios en pesos a su valor más cercano equivalente al dólar, y cosas por el estilo. Las tasas de interés en dólares históricamente, son más bajas y concentradas en un rango más estrecho que las tasas en la moneda doméstica en la mayor parte de los países en desarrollo. Afortunadamente, bajo la dolarización oficial, los prestamistas estarán dispuestos a ofrecer tasas de interés más bajas porque su riesgo de perder dinero mediante la inflación será menor, de manera que existirán oportunidades de refinanciar préstamos. Los contratos en pesos serán contratos en dólares a la tasa de cambio fija establecida al final del período de flotación.

Una manera eficiente de manejar los aspectos técnicos de la dolarización es hacerlo por decreto, guiado por un comité de expertos legales y financieros. Sin embargo, hasta cierto punto, se debe permitir a los negocios hacer los ajustes necesarios como ellos lo consideren conveniente sin tener que obedecer un extenso aparato de decretos. Aunque habrá que resolver numerosos detalles, son molestias menores comparadas al alivio que traerá la dolarización en muchos casos.

Muchos sistemas bancarios en los países en desarrollo han permanecido con problemas a pesar de los rescates de los bancos centrales. Cuando los bancos hacen prestamos malos, alguien tiene que pagar los costos, independiente del sistema monetario que exista. A menudo la gente que posee la moneda doméstica es la que más paga, a través de la inflación que reduce el valor real de los activos.

La inflación en efecto transfiere riqueza de manos del público en general a los accionistas de los bancos y cuentacorrentistas. La dolarización oficial elimina la inflación como una manera de manejar crisis bancarias. En vez de eso, es una combinación de accionistas del banco, cuentacorrentistas y el gobierno (lo que significa en última instancia el público que paga impuestos) los que tienen que pagar. En vista de que el banco central no tiene la habilidad mágica de hacer que desaparezcan las pérdidas, un sistema bancario con problemas no es un argumento para retrasar la dolarización.

Deuda Externa: En casos extremos, la dolarización oficial puede ocurrir cuando una alta inflación y otros problemas bajo un sistema de banco central hayan conducido al gobierno y a las corporaciones a no pagar su deuda en moneda extranjera. La dolarización puede mejorar esta situación, porque la moneda doméstica puede depreciarse antes de que sea reemplazada por el dólar, reduciendo el peso de la deuda extranjera en términos de la moneda doméstica. Sin embargo, aun si la mejoría no es suficiente para permitir al gobierno y corporaciones resumir el pago de la deuda, la dolarización oficial puede proseguir.

La dolarización oficial impide al gobierno imprimir moneda doméstica para obtener recursos que le permitan pagar su deuda en moneda extranjera. En lugar de eso, el gobierno debe obtener recursos en forma no inflacionaria o renegociando la deuda con los acreedores. Contrario a lo que sucede típicamente en regímenes con banco central, con dolarización oficial, un país puede tener una buena moneda aún sin sanas finanzas públicas.

Fuentes de Ingreso de Divisas: Una vez en marcha el proceso de dolarización, el Banco Central ya no tendrá la facultad de emitir monedas y por tanto es importante identificar las fuentes normales de las cuales se obtendrán divisas para beneficio de la economía del país.

Nivel de endeudamiento: En vista de que los países latinoamericanos y del Caribe tienen en la actualidad un nivel de endeudamiento externo e interno, es importante que, para la implementación de la dolarización, los gobiernos y organismos internacionales se comprometan con ayuda en préstamos en dólares para un periodo de unos 3 a 4 años. A pesar de que este hecho aumentará los problemas de endeudamiento, obviamente las condiciones serán distintas, ya que posiblemente, por efectos de la dolarización no habrá riesgo de devaluación de la moneda que anteriormente hacia crecer de forma automática el monto de la deuda.

Estímulo a las exportaciones: En estos momentos de dolarización más que nunca, las autoridades de los países envueltos en el proceso, están en la obligación de planificar y llevar a cabo medidas tendientes a aumentar la producción nacional, mejorar la calidad de los productos, diversificar estos y negociar la colocación en mercados extranjeros de mejores cuotas de sus exportaciones.

Atraer la inversión extranjera: Los países deben crear un marco legal legítimo y seguro que permita garantizar la inversión extranjera y que ofrezca incentivos atractivos a los inversionistas del exterior.

Motivación a la creación de fuentes propias de recursos: Aunque se dificultaría el financiamiento de proyectos de relevante importancia ya que el manejo de la política monetaria estaría fuera del control de las autoridades locales, deberá establecerse un plan nacional con todo el apoyo gubernamental, para la creación de fuentes propias que generen recursos, incentivando a los inversionistas nacionales y ofreciéndoles facilidades para la creación de fuentes de empleo y repartición de sus capitales.

Esquema de Precios: Si se pretende que, con el proceso de dolarización, se mejoren las condiciones de la economía a escala nacional, la política de precios deber ser transparente y con la suficiente coordinación con las otras políticas como la de salarios, impuestos, tasas de interés, etc., para evitar desajustes en el comportamiento de las distintas variables, y pueda profundizarse una inestabilidad general.

En el proceso de dolarización, el sistema de precios cambia drásticamente y por tanto hay que tomarlo en consideración. Se crean los llamados precios artificiales que son los propios del mercado interno pero que están sujetos a los procesos de ajuste en la adaptación a los precios reales internacionales. En este caso, generalmente sufren un incremento considerable debido a la fuerte presión especulativa.

En el caso de los precios vigentes en las relaciones comerciales internacionales, no hay mayores alteraciones ya que las transacciones de precios de bienes en el mercado externo cambian de acuerdo a la oferta y la demanda mundial.

Hay que tomar en consideración que un incremento de los precios debe ser compatible con un aumento de los sueldos y salarios para que no se produzca un deterioro en el poder adquisitivo de los bienes y servicios, asegurando así mantener y mejorar las condiciones de vida de los asalariados. Debe disponerse de estudios mensuales de los cambios y evolución de los precios (por ejemplo, canasta básica de alimentos) y de salarios, a fin de planificar los reajustes necesarios según las circunstancias.

Niveles de Empleo y Desempleo: Para que la dolarización tenga un efecto positivo sobre la creación de nuevas fuentes de empleo e inicie solucionando el problema del empleo, desempleo y subempleo, las autoridades económicas deben pensar en la manera de alcanzar los niveles normales de producción.

Hay que tomar en cuenta la tasa de desempleo, las variaciones del Producto Interno Bruto (PIB), las cifras de creación de nuevas fuentes de empleo a corto plazo, los esquemas de los sueldos y salarios y los efectos que estos tienen sobre los costos de producción. Además, hay que analizar la situación de mejoría de la rentabilidad de las empresas, ya que los niveles de endeudamiento del sector empresarial son generalmente muy elevados y es una prioridad urgente la reestructuración de los pasivos.

Impacto Social: Entre los problemas de orden social que son evidentes y que necesitan ser resueltos, una vez el proceso de dolarización empieza está: la deficiente distribución de los ingresos mediante el cual se pueda mejorar las condiciones de vida de la población en general, lo cual obliga, entre otras acciones, a cambiar la estructura tributaria que permite la evasión desmedida y apoyar más las gestiones del servicio de las dependencias encargadas del cobro efectivo de impuestos a las fuentes de mayor ganancia y la eliminación definitiva de las exoneraciones por clientelismo político o amiguismos.

Debe iniciarse un plan de educación a escala nacional para que se enseñe el manejo, cálculo y uso del dólar como moneda local o en su conversión, ya que es una moneda con rasgos físicos en otro idioma (inglés) y con fotos de personajes pertenecientes a la historia de los Estados Unidos que son totalmente desconocidos para una gran mayoría de la población. Además, a esto se añade la proliferación de dólares falsos que puede perjudicar y crear estados de sinsabores en toda la población. Podría producirse una situación de emergencia nacional en cuanto a la salud de la población, ya que, debido a la especulación, la subida de los precios de los productos farmacéuticos e insumos médicos y la importación de sus componentes principales podría caer en una situación no controlada por las autoridades. De igual manera, este fenómeno se traduciría en un detonante de desastre social cuando abarque los productos alimenticios de consumo diario, los insumos escolares, los precios del transporte, las tarifas de bienes y servicios, y así sucesivamente.

Globalización: Uno de los objetivos de los procesos de globalización y-o regionalización que se llevan a cabo hoy en día, es la tendencia a globalizar la economía con el objetivo de que este proceso se convierta en un facilitador para interrelacionar con los demás países, de forma tal que se pueda producir una reducción en los diferenciales monetarios cambiarios. Así, la competencia en los mercados y valores internacionales se ajustarían a pocos tipos de moneda, conforme se agiliza el intercambio con la tecnología, reduciendo los márgenes diferenciales por cambio de divisa a la vez que se concretiza la globalización económica.

Consideraciones generales: Riesgos y beneficios

¿Es tiempo de dolarizar?

UNA PROPUESTA PARA AMÉRICA LATINA Y EL CARIBE

Al considerar los costos y beneficios de la dolarización surge la pregunta ¿qué países se podrían considerar candidatos posibles para la dolarización oficial? La respuesta envuelve consideraciones de índole económica y política. Hay que enfatizar que la dolarización oficial será una decisión voluntaria de parte del país que dolariza. Sería inapropiado que los Estados Unidos o cualquier otro país presionara un país para que dolarice.

CONSIDERACIONES ECONÓMICAS

La principal consideración económica que convierte a un país en particular en un candidato posible, es una historia de pobre desempeño monetario que deteriora la credibilidad de su moneda. Como hemos mencionado anteriormente, la mayoría de los países en desarrollo tienen una historia similar. La falta de credibilidad obliga a los prestatarios en esa moneda a pagar altas tasas de interés, por lo menos más elevadas que en Estados Unidos o la Unión Europea y, reduce el crecimiento económico.

La otra consideración económica importante que hace de un país un candidato potencial es que cobra poco señoreaje por emitir su moneda doméstica debido a que la dolarización extraoficial está ya extendida. La dolarización oficial involucraría comparativamente una pequeña pérdida de señoreaje, y la pérdida sería aun menor si el país emisor comparte el señoreaje.

Muchos economistas proponen usar la "teoría de áreas monetarias óptimas" para juzgar si la dolarización es deseable. De acuerdo a la teoría, una economía es parte de un área monetaria óptima cuando un alto grado de integración económica hace más beneficiosa una tasa de cambio fija que una tasa flotante. Desafortunadamente, los economistas no están de acuerdo en la definición de las áreas monetarias óptimas en la práctica, aunque generalmente reconocen que un área monetaria óptima existe donde hay un país grande que tiene una moneda dominante y donde una parte considerable del comercio, mano de obra e inversión fluye entre él y sus vecinos más pequeños.

La falla con la teoría de áreas monetarias óptimas, en la forma como la aplican los economistas, es que los economistas asumen la determinación de los costos y beneficios para los consumidores, en lugar de reconocer que son las evaluaciones de los consumidores que determinan los costos y beneficios que los economistas deben considerar. No obstante, esta teoría es útil en cuanto hace notar los problemas que pueden surgir cuando países vecinos tienen políticas cambiarias radicalmente diferentes.

Para ilustrar lo anteriormente dicho veamos a Argentina y Brasil.

La dolarización oficial funcionaría mejor en Argentina, si Brasil, su socio comercial más grande, estuviera también dolarizado, porque entonces los empresarios argentinos no tendrían que preocuparse por los riesgos cambiarios cuando negocian con Brasil. Como no parece factible que Brasil se dolarice oficialmente, a Argentina no le quedan sino opciones que involucran dificultades.

Esto es, si adopta la moneda de Brasil, Argentina estaría sujeta a los muchos problemas que experimenta Brasil. Si adopta una tasa de cambio flotante para el peso argentino, podría correr el riesgo de repetir la hiperinflación que sufrió Argentina antes de aplicar el sistema similar al de una caja de conversión en 1991. Permanecer en el sistema similar a la Caja de conversión o establecer la dolarización oficial parece la mejor opción a pesar de los problemas posibles ocasionados por más depreciación de la moneda brasileña.

CONSIDERACIONES POLÍTICAS

La consideración política más importante que hace que un país sea un candidato posible para la dolarización oficial es que la gente no considere la moneda doméstica como un elemento indispensable de la identidad nacional. (Cuando existen manifestaciones de deseos de mantener una moneda doméstica como un elemento de identidad nacional, la emisión de moneda doméstica fraccionaria es una solución potencial).

La dolarización oficial promueve la globalización, aumenta la influencia de fuerzas económicas internacionales con respecto a las fuerzas políticas nacionales. El debate en varios países sobre si es deseable o no se ha centrado en el concepto de soberanía nacional. Hasta ahora, sin embargo, los participantes en el debate muy raras veces han definido precisamente qué significa soberanía nacional, tampoco han explicado por qué debería ser más importante que el principio de "soberanía del consumidor" —la libertad de elegir que sustenta la economía de mercado.

Además, la soberanía nacional está perdiendo su antiguo incuestionable status como base para el diseño de política monetaria. A medida que avanza la globalización, las reglas políticas de la política monetaria están cambiando su énfasis en soberanía nacional a la integración regional. El ejemplo más notable es el advenimiento del Euro para reemplazar las monedas nacionales en 19 de los 28 países que conforman la Unión Europea (1999 to 2015). El interés en dolarización oficial es otra manifestación de estos cambios.

CONSIDERACIONES SOBRE EL PAIS EMISOR: ESTADOS UNIDOS DE NORTEAMÉRICA

Creo que debemos iniciar esta lectura haciéndonos una pregunta: ¿Cuál es el circulante en US$ en el mundo? Tomando en cuenta todas las monedas existentes del mundo hay aproximadamente un valor equivalente a 55 billones de dólares, de los cuales solamente unos 5,2 billones son en dinero físico (billetes y monedas emitidas por los bancos centrales de los países); el resto es completamente dinero creado por bancos a través del *sistema de reserva fraccional* que existe virtualmente en cuentas bancarias, en las bases de datos de los distintos bancos.

De ese dinero creado en distintas monedas del mundo equivalente a unos 55 billones de dólares, aproximadamente una quinta parte es en dólares, o sea 10,5 billones de dólares. Y de esos 10,5 billones de dólares hay solamente 1,2 billones en billetes y monedas de dólares estadounidenses circulando por todo el planeta.

Señoreaje. El concepto de señoreaje se remonta a la utilidad que percibía la autoridad de las Casas de Moneda por razón de acuñar una pieza cuyo valor intrínseco era menor al nominal. El señoreaje es la ganancia que un país obtiene por concepto de emisión.

Esto es los ingresos provenientes de la emisión de dinero. Señoreaje neto es la diferencia entre el costo de poner dinero en circulación y el valor de los bienes que se comprarán. (Señoraje bruto, un concepto relacionado, no toma en cuenta el costo de poner el dinero en circulación).

Una manera de medir el señoreaje es como un valor, una ganancia que se hace solo una vez. Un billete de $1 cuesta aproximadamente 3 centavos imprimirlo, pero el gobierno de los Estados Unidos puede usarlo para comprar bienes por un valor de $1. Si el billete circulara eternamente, el señoreaje neto sería 97 centavos. En realidad, es menor porque después de 18 meses, el billete de $1 promedio se gasta y necesita ser reemplazado; como otros gobiernos, el gobierno de los Estados Unidos reemplaza sin cobrar por ello, los billetes y monedas gastados.

En una forma más general, el concepto de señoreaje se aplica no sólo a los billetes de $1, sino a toda la base monetaria –billetes y monedas en circulación, más las reservas bancarias.

Otra forma de pensar sobre el señoreaje es como un flujo de ingresos en el tiempo. Los billetes y las monedas no pagan interés. Alguien que mantiene billetes puede en vez de eso adquirir un bono y ganar interés sobre ese bono. Manteniendo billetes es como si una persona le está otorgando al gobierno emisor un préstamo sin interés. En este enfoque, el señoreaje bruto es la base monetaria promedio multiplicada por algún índice inflacionario o la tasa de interés en un período dado. Cuando se considera el señoreaje como un valor es similar a lo que piensa un dueño de casa en términos del precio en que la puede vender al contado, mientras que el concepto del señoreaje como flujo es en términos de lo que el dueño de casa recibe como ingreso por la renta mensual. Usando una tasa apropiada de interés que tome en cuenta que un dólar en el futuro tiene menos valor que un dólar hoy, las dos medidas deben ser iguales.

Para el gobierno de los Estados Unidos, el señoreaje neto de emitir dólares, medido de acuerdo al flujo de pagos que el Sistema de Reserva Federal hace al Tesoro, es aproximadamente $25 mil millones al año. Esa es una gran cantidad en términos de dólares, pero es menos que 1,5 por ciento del total de los ingresos del gobierno federal y apenas un 0,3 por ciento del producto interno bruto de los Estados Unidos. Cuando los extranjeros mantienen dólares en billetes, ellos crean señoreaje para el gobierno de los Estados Unidos. Se estima que los extranjeros poseen del 55 al 70 por ciento del valor total de billetes en circulación, lo cual implica que a ellos se debe tal vez $15 mil millones al año del señoreaje por la emisión de dólares.

En la misma forma que los Estados Unidos, otros países ganan señoreaje por emitir la moneda local. De acuerdo a las disposiciones actuales, aquellos países que dolarizan oficialmente pierden el señoreaje. La perspectiva de perder señoreaje es un factor que explica por qué la dolarización oficial es rara hoy en día, a pesar de los beneficios potenciales que esta conlleva. Para reducir la pérdida de señoreaje como un obstáculo para la dolarización oficial, los Estados Unidos deberían estar dispuestos a considerar la posibilidad de compartir el señoreaje con los países que dolaricen oficialmente.

Un reporte del Comité Económico del Congreso de los Estados Unidos describe en detalle como funcionaría la participación en el señoreaje (JEC 1999). Aplicando una fórmula apropiada, compartir el señoreaje puede aumentar la cantidad de señoreaje que el gobierno de los Estados Unidos recibe ahora creando incentivos para la dolarización oficial en países que de otra manera continuarían emitiendo su propia moneda. La dolarización oficial tiende a aumentar la demanda por los billetes de dólares, permitiendo que la Reserva Federal aumente la oferta de dólares en billetes y el señoreaje que los billetes generan.

POSIBLES RIESGOS

Un riesgo que se puede presentar al promover La Dolarización oficial en otros países hace más difícil para la Reserva Federal el manejo de la política monetaria. Sin embargo, el crecimiento mayor en la cantidad de dólares en billetes en poder de los extranjeros aparentemente ha ocurrido en años anteriores (Judson y Porter 1996, p. 896), y ha sido precisamente durante ese período que el sistema de Reserva Federal redujo exitosamente la inflación a un 3 por ciento y ahora el IPC o índice de precios al consumidor en EE UU es de 0.730% (dato de inflación, diciembre del 2015). Cuando se habla de la inflación en los Estados Unidos, se refiere al índice de precios al consumidor, abreviado como IPC. El IPC estadounidense muestra la evaluación de los precios de una serie definida de productos y servicios que adquieren los hogares en los Estados Unidos para su consumo. Para determinar la inflación, se analiza cuanto ha aumentado porcentualmente el IPC en un periodo determinado con respecto al IPC en un periodo anterior. En el caso de la caída de precios, se habla de deflación, esto es inflación negativa.

Otro riesgo posible es que los países oficialmente dolarizados presionarán a los Estados Unidos para asumir responsabilidad en la solución de sus problemas económicos. Sin embargo, con el fin de, explícitamente, negar la responsabilidad de efectuar préstamos a los bancos en problemas en los países oficialmente dolarizados o de supervisar los sistemas bancarios extranjeros, el Sistema de Reserva Federal y el Tesoro puede notificar a los países considerando dolarización oficial que la responsabilidad descansa en el gobierno nacional. Funcionarios del Sistema de Reserva Federal y del Tesoro ya han enfatizado este punto repetidamente en declaraciones públicas.

Un riesgo que se puede presentar es cuando la Reserva Federal aumente las tasas de interés, los países oficialmente dolarizados presionen para mantener las tasas inapropiadamente bajas. Las políticas de la Reserva Federal ya afectan aun a los países que tienen monedas domésticas separadas y tasas de intercambio flotantes. Además, los aumentos de puntos porcentual en las tasas de interés que hace la Reserva Federal, son pequeños comparados con los incrementos desde un 10 y hasta 20% que los bancos centrales han hecho en países tales como Brasil, Ecuador, Indonesia y Rusia en los últimos años. Actualmente luego de casi una década en que el crédito estuvo disponible a costos extremadamente bajos, la Reserva Federal de Estados Unidos (FED, como se conoce en inglés) anunció el primer aumento en las tasas de interés en ese país desde junio de 2006. La tasa de interés fue elevated en 0,25%, para ubicarse entre 0,25% y 0,5% anual. (diciembre 16, 2015).

Otro riesgo es la posibilidad de que un gran número de extranjeros que usan el dólar repentinamente se cambien al euro u otra moneda, causando una inundación masiva de dólares y forzando a la Reserva Federal a aumentar la tasa de interés para prevenir que se dispare la inflación. Pero mientras el dólar continúe gozando de confianza una inundación de dólares es improbable. La mejor manera de prevenirlo es que el dólar continúe desempeñándose tan aceptado como lo ha hecho en los últimos años

BENEFICIOS

El riesgo monetario (el riesgo de la devaluación o reevaluación de una moneda) casi desaparecería para los americanos que tengan relaciones con los países oficialmente dolarizados. Desaparecerían los costos de convertir monedas tan familiares a los turistas y negociantes. Los ahorros directos productos de la eliminación de estos costos serían pequeños, pero abrirían el camino para ahorros indirectos más grandes en la forma de un mayor crecimiento económico en los países oficialmente dolarizados debido a una moneda mejor y contactos financieros más cercanos con los Estados Unidos. Eso a su vez, crearía más demanda para los bienes de los Estados Unidos y un mayor crecimiento económico en ese país.

Al aumentar el número de países que utilizan el dólar, la dolarización oficial contribuirá a mantener el dólar como la primera moneda internacional, una posición que el euro está desafiando. La dolarización de uno o más de los países latino americanos más grandes expandiría significativamente el número de personas que usan el dólar oficialmente, haciendo la población de la zona del dólar mayor que la zona del euro.

En adición, la dolarización oficial debería reducir las quejas de los productores americanos con respecto a la política de precios (*dumping*) de bienes por parte de los extranjeros al eliminar la posibilidad de que un país dolarizado pueda devaluar contra el dólar. La mayor parte de la controversia sobre la política de precios (dumping), se suscita debido a que devaluaciones grandes e inesperadas hacen que los productos se vuelvan más baratos de lo que eran antes, no por ninguna ventaja tecnológica, sino por una política cambiaria caprichosa. (dumping es la práctica comercial que consiste en vender un producto en el mercado exterior a un precio más bajo que el del interior con el fin inmediato de ir eliminando las empresas competidoras y apoderarse finalmente del mercado: el "dumping" está prohibido por el Acuerdo General sobre Aranceles Aduaneros y Comercio).

Condiciones preexistentes
a tomar en cuenta

¿Es tiempo de dolarizar?

UNA PROPUESTA PARA AMÉRICA LATINA Y EL CARIBE

PROBLEMAS EN LA IMPLEMENTACIÓN

Un país que considera la dolarización oficial necesita tomar en consideración algunos problemas que se presentarán durante el proceso. En el caso de convertir a la dolarización oficial un sistema de caja de conversión, no supone un gran problema porque este proceso tiene ya importante similitud a la dolarización oficial. Lo que parece ser la dificultad mayor estriba en convertir rápidamente un sistema de banco central en uno de dolarización oficial.

CONDICIONES ÓPTIMAS

Los países que desean reemplazar su banca central con algún otro sistema monetario deben llenar ciertas condiciones, tales como:

1. Un alto nivel de reservas en dólares,
2. Un sistema bancario solvente,
3. Finanzas públicas sanas, y
4. Salarios flexibles.

Sin embargo, si un país ya tiene todas esas características, la dolarización no sería especialmente atractiva porque su política monetaria ya debe ser buena. La dolarización elimina la posibilidad de financiar el déficit presupuestario de los gobiernos mediante la inflación, y al hacerlo así ataca el problema que es la raíz de muchos otros problemas económicos de los países en desarrollo.

No es necesario tener disponibles todas las reservas en dólares para la dolarización oficial, siempre y cuando la cantidad que falta se la pueda obtener en los mercados financieros o en fuentes tales como el FMI.

La experiencia del sistema similar a la caja de conversión en Argentina, Bulgaria y otros países, confirma que una reforma monetaria drástica en sí misma, ayuda a crear las condiciones para el éxito económico, en vez de que éste sea una precondición para la reforma. La dolarización oficial no garantiza que un país implementará buenas políticas económicas, pero en muchos países en desarrollo aumentará las posibilidades de éxito.

MONEDA A UTILIZARSE

Un país puede otorgar status de curso legal a más de una moneda.

En realidad, puede permitir a su gente usar cualquier moneda que deseen para hacer préstamos, facturaciones, pagar salarios, etc. Sin embargo, en la mayor parte de los casos las economías de escala son tales que la gente tenderá a usar solo una moneda, siempre y cuando esa moneda permanezca relativamente buena.

Se puede juzgar cual será esa moneda observando cual moneda se usa ya en forma más difundida extraoficialmente. Generalmente, es la misma moneda que el banco central apunta en sus operaciones en el mercado de cambio internacional. Para países con caja de conversión, se elegirá, probablemente, a la moneda extranjera que se utiliza como ancla en la tasa de cambio.

DOLARIZAR UNILATERALMENTE

Siempre y cuando se posean o se puedan obtener reservas extranjeras suficientes, un país puede dolarizar unilateralmente, sin un acuerdo formal o aprobación informal del país emisor. Sin embargo, pueden existir ciertas ventajas económicas y políticas con un acuerdo formal.

EMISIÓN DE MONEDAS

Panamá y otros países oficialmente dolarizados emiten *monedas fraccionarias o metálicas*. Debido a que las monedas metálicas son una parte subsidiaria de la oferta monetaria, la existencia de monedas metálicas emitidas domésticamente no ha puesto en peligro la credibilidad de la dolarización oficial en Panamá o en otra parte. La razón técnica principal por la que un país puede desear emitir su propia moneda fraccionaria bajo dolarización oficial es que, debido a su volumen, embarcar monedas es mucho más costoso que embarcar una cantidad equivalente de billetes desde el país emisor. Acuñar monedas domésticamente evita los gastos de envío y, repetimos, puede satisfacer los deseos políticos de tener una moneda doméstica como un elemento de identidad nacional.

Reservas Extranjeras

Las reservas extranjeras que mantiene un banco central típicamente no son billetes extranjeros porque éstos no pagan interés; en vez de eso, tiene depósitos en moneda extranjera en bancos en el exterior y bonos en moneda extranjera.

El banco central en un país dolarizado no necesita mantener billetes de dólares en efectivo hasta el momento en que debe reemplazar los billetes de pesos en circulación con billetes de dólares. Si el banco central mantiene sus existencias de reservas extranjeras en formas no apropiadas para la dolarización, tales como bonos en yen japonés, es posible convertirlos a reservas en dólares siempre y cuando sean de suficiente alta calidad. Casi todas las reservas extranjeras del banco central deben reunir estas condiciones. Sin embargo, bonos en pesos pueden ser de tales características que, al venderlos en una gran escala en un período corto, pueden hacer daño al mercado doméstico de bonos y a la hoja de balance de algunos bancos comerciales.

Pasivos a ser redimidos con reservas
Un típico banco central posee como reservas:

Activos en el Extranjero
- depósitos bancarios en moneda extranjera
- bonos del tesoro de los Estados Unidos

Activos Domésticos
- bonos del gobierno nacional

Pasivos
- obligaciones que ha contraído para pagar moneda extranjera
- la base monetaria doméstica
- depósitos del gobierno
- otras obligaciones domésticas como sus propios bonos si los emite.

Cómo mínimo, la dolarización oficial implica aceptar todos los billetes de pesos y monedas en circulación que el público desea convertir en alguna forma de dólares de los Estados Unidos. El proceso puede avanzar y convertir no sólo billetes de pesos y monedas sino también los otros componentes de la base monetaria: las reservas de los bancos comerciales.

Cuando se requiere que los bancos comerciales mantengan grandes cantidades de reservas que no ganan interés, como una forma de crear demanda por la moneda doméstica, no es necesario convertir todas las reservas en pesos a dólares. Los requisitos de reservas se pueden reducir hasta llegar a cero y la mayor parte de las reservas requeridas se las puede convertir a bonos del gobierno, o extinguirlas.

Típicamente, los pesos en billetes y las monedas se les pueda convertir en billetes y monedas fraccionarias de dólares, pero también es posible entregarles a los bancos comerciales otros activos en dólares fácilmente intercambiables, tales como bonos del Tesoro de los Estados Unidos, si así lo prefieren.

Los depósitos bancarios en pesos se transforman en depósitos bancarios en dólares; no es necesario tener suficientes billetes de dólares y monedas a mano para convertir cada uno de los depósitos en pesos. Los bancos comerciales poseerán reservas fraccionarias (reservas de menos del 100 por ciento) contra los depósitos en dólares, en la misma forma como lo hacen ahora con los depósitos en pesos y como lo hacen los Estados Unidos con sus depósitos en dólares.

Siempre y cuando los bancos inicien la dolarización con reservas en pesos adecuadas, convertir parte o todo de la base monetaria en pesos a alguna forma de base monetaria en dólares, debe darles las adecuadas reservas en dólares.

DISPONIBILIDAD DE LAS RESERVAS EXISTENTES

Muchos bancos centrales no son solo agentes de política monetaria, sino también depositarios de dólares propiedad de otros individuos. Puede parecer que la reserva en dólares que el banco central tiene disponible para la dolarización oficial se vea reducida por esta circunstancia, pero no es así. Todas las reservas en dólares del banco central pueden estar disponibles. Así como la dolarización oficial elimina la moneda doméstica, también elimina la necesidad de mantener una canasta especial de reservas extranjeras. Los individuos que mantienen dólares en el banco central pueden recibir una cantidad equivalente de bonos del gobierno, los cuales serán ahora pagados en dólares y, por lo tanto, ahora serán más comercializables que antes.

TASA DE CAMBIO

La tasa de cambio dependerá de qué clase de pasivos se pueda rescatar de las reservas en dólares, y la cantidad de reservas en dólares fluctuará de acuerdo a la tasa de cambio con el peso. La tasa de cambio que se use para convertir pesos a dólares no debiera ser sustancialmente sobrevaluada ni subvaluada en relación con la tasa de mercado. Una tasa sobrevaluada perjudicará a las industrias de exportación, mientras que una tasa subvaluada perjudicará a los consumidores de productos importados; ambos extremos van en detrimento del crecimiento económico.

Si la dolarización ocurre a una tasa de cambio cercana a la tasa de mercado, los bancos no debieran experimentar una demanda repentina para convertir depósitos a billetes en dólares, no más de lo que usualmente convierten depósitos en pesos a billetes en pesos. La tasa de cambio del mercado y la estructura de las tasas de interés operarán para balancear las ganancias de mantener billetes versus depósitos.

VELOCIDAD DE LA DOLARIZACIÓN

Una rápida dolarización oficial es técnicamente factible. Países han hecho drásticas reformas monetarias similares, tales como introducir nuevas monedas, casi de un día a otro en muchos casos. La parte mecánica de introducir nuevos billetes y monedas se la puede realizar dentro de pocos días o semanas. Un punto a favor de la rápida dolarización es que un período largo de implementación puede hacer nacer dudas sobre si el gobierno está realmente comprometido a dolarizar.

ACTITUD DEL PAÍS EMISOR

Un problema final que necesita ser considerado es si el país emisor ofrece alguna ayuda al país dolarizado oficialmente. El Tesoro de los Estados Unidos y el Sistema de Reserva Federal han indicado muy claramente que ellos no rescatarían bancos domésticos en los países oficialmente dolarizados, ni que tampoco desean tener un papel en su supervisión. Sin embargo, el Tesoro y la Reserva Federal sí parecen estar abiertos a la posibilidad de compartir señoreaje, y parece factible usar el flujo de señoreaje como colateral para abrir líneas de crédito a los cuales puedan acudir los países oficialmente dolarizados cuando sus bancos tengan problemas.

El Banco Central Europeo aparentemente no ha establecido una posición con respecto a temas de "eurorización" oficial porque la discusión, hasta el momento, se ha centrado en los países donde predomina el dólar de los Estados Unidos.

Ruta a seguir para lograr la dolarización oficial con los EE.UU.

¿Es tiempo de dolarizar?

UNA PROPUESTA PARA AMÉRICA LATINA Y EL CARIBE

Esta ha sido más o menos la ruta seguida por los países que han dolarizado y que hoy se mantienen dolarizados en ALC. La exponemos aquí como ejemplo a seguir si fuese necesario pero su desarrollo dependerá de las características propias de cada nación.

El proceso de dolarización conlleva una serie de pasos que deben ser seguidos de manera ordenada y estricta para lograr que el proceso se desarrolle con un mínimo de trauma y con éxito. El primer paso a seguir es, la investigación del país interesado en la dolarización de cómo conseguirá los dólares del país emisor (en este caso los EEUU).

Para obtener papel moneda dólar de la Reserva Federal estadounidense, un país que dolariza le dará a este organismo bienes de su haber altamente líquidos, es decir, valuables de igual valor de una corta lista especificada por el gobierno estadounidense. Los bienes del haber del país en cuestión pueden ser entregados a la Reserva Federal por medio de un intermediario del banco que se especializa en el movimiento de las notas de dólar. La Reserva Federal solo dará dólares en cambio por los bienes ya mencionados; no regalará los dólares porque sí. De forma tal que la dolarización de acuerdo a este arreglo, requiere que un país tenga un respaldo del 100% en bienes de su haber para lo que fuera que dolarice.

La dolarización no requiere que el gobierno tenga desde un principio todos los bienes en dólares para poder comenzar con el proceso. El gobierno y el banco central pueden tener bienes en otras monedas, asumiendo que puedan cambiarlos en un mercado por notas de dólar o bienes aceptables para la Reserva Federal.

El país que dolarizara fija una fecha con los Estados Unidos para la dolarización oficial de este mismo, fecha que será la que los Estados Unidos comiencen acreditando con su porcentaje del señoreaje. Para ese día, al menos el 75% de la moneda doméstica en circulación debe ser cambiada por dólares (en otras palabras, dejar de existir. No habrá mas emisión de moneda doméstica desde ese día, y, si se puede dar la situación, no habrá monedas creadas y puestas en circulación, y los materiales para su construcción serán destruidos. Un porcentaje de 75% es aconsejable ya que es poco realista esperar que la gente entregue el 100% de su moneda domestica para la circulación de dólares. Un reemplazo substancial en vez de total debería ser el proceder de los países actores, y será el determinante del proceso de dolarización

Asumiendo que la moneda extranjera a usarse es el dólar de los Estados Unidos y que la moneda doméstica se llama peso, el Banco Central tomará pasos como los siguientes:

1. Determinar la parte del pasivo del banco central que debe ser dolarizada.

Como mínimo ésta debe ser los billetes y las monedas en peso en circulación, y puede también incluir, la base monetaria completa existente, en pesos.

2. Evaluar la posición financiera del banco central y del gobierno.

La cantidad de dólares necesaria depende de la tasa de cambio, la cual no será conocida con exactitud hasta el paso 4 pero se la puede calcular dentro de un cierto rango de valores. Si el banco central ya tiene suficientes reservas extranjeras netas, puede simplemente vender sus reservas extranjeras por dólares y darle a la gente dólares a la tasa de cambio fija por la parte de pasivos que se van a dolarizar.

Como se mencionó previamente, los activos en pesos del banco central pueden no ser líquidos y no convertibles rápidamente en dólares. Si el banco central necesita más reservas en dólares de lo que ya tiene, puede todavía ser posible dolarizar inmediatamente mediante el préstamo por parte del gobierno de suficientes dólares para cubrir el déficit de reservas. El banco central cesará de existir en su forma actual y sus activos y pasivos se transformarán en activos y pasivos del gobierno.

3. Flotación Necesaria

Si hay dudas sobre la tasa de cambio apropiada para la dolarización, se permitiría flotar el peso por un período breve, preestablecido.

Hay tres tipos básicos de tasas de cambio:

- En un extremo, las tasas fijas;
- En el otro extremo, las tasas flotantes; y
- En el medio, arreglos combinados que no son fijos ni flotantes, incluyendo las tasas ancladas, mini devaluaciones, y las bandas cambiarias.

La tasa fija: es aquella en la cual la tasa de cambio con relación a una moneda extranjera "ancla" permanece constante porque existen instituciones monetarias apropiadas que permiten que la tasa se mantenga. Los sistemas dolarizados oficialmente y las cajas de conversión tienen tasas fijas.

La tasa flotante: en este tipo, la tasa de cambio no se mantiene constante en términos de ninguna moneda extranjera.

Las tasas combinadas: son aquellos tipos en los cuales el banco central limita el rango de fluctuación en una forma más o menos bien definida en un momento dado, pero no puede garantizar que esa fluctuación permanezca en ese rango.

La experiencia histórica muestra que los bancos centrales generalmente no pueden mantener una verdadera tasa de cambio fija, y aquellos que tienen tipos combinados, a menudo dejan que la tasa de cambio se sobrevalúe, creando las condiciones para ataques especulativos monetarios y devaluaciones. Si la tasa de cambio es un tipo combinado que se muestra sobrevaluado, puede ser necesario permitir a la tasa de cambio flotar durante un breve período de manera que pueda encontrar un nivel apropiado determinado por el mercado. El mejor indicador para establecer una tasa fija de cambio apropiada al convertir los precios en pesos a precios en dólares, es la tasa de mercado que evolucionará cuando se sepa que el valor del peso se fijará pronto y que entonces el dólar reemplazará al peso. Puede ser que la demanda por pesos aumente, en cuyo caso la tasa de cambio se apreciaría.

El gobierno no debe tratar de manipular la tasa de cambio para que alcance algún nivel en particular; debe dejar que los participantes en el mercado determinen el nivel. Manipular la tasa de cambio es costoso. Una tasa de cambio sobrevaluada encarecerá las exportaciones con relación a los mercados internacionales y puede crear una recesión, mientras que una tasa de cambio altamente subvaluada hará las importaciones más caras y prolongará la inflación.

La tasa de cambio debe flotar durante un período preestablecido que no exceda, por ejemplo, de 30 días. La flotación debe ser limpia, es decir, el banco central no debe tratar de influenciar la tasa de cambio. Durante la flotación se debe prohibir al banco central que aumente sus pasivos, a menos que obtenga reservas extranjeras iguales en un 100 por ciento del aumento del pasivo. Esa medida evitará que el banco central genere una explosión final de la inflación. El banco central debe publicar diariamente las cuentas claves de su hoja de balance del día hábil anterior, de manera que sus acciones sean transparentes y no causen sorpresas desestabilizadoras. Si existe control de cambios, debe abolirse al momento de iniciar el paso 3.

4. Anuncio de Tasa de Cambio Fija

Al final del período de flotación (si éste es necesario), debe declararse una tasa de cambio fija con el dólar de los Estados Unidos y anunciar que efectivo inmediatamente, el dólar es de curso legal. Por ejemplo, declare que, a partir de ese momento, la tasa de cambio es de X pesos por dólar de los Estados Unidos, o sea la tasa de cambio que se ha determinado apropiadamente.

La tasa fija de cambio debe estar dentro del rango de las tasas de mercado durante el período de flotación, particularmente hacia el final del período. Establecer una tasa de cambio es un arte más que una ciencia, y no existe una fórmula mecánica para hacer la transición de una tasa flotante a tasa fija apropiada. Si hay dudas sobre la tasa apropiada, es mejor equivocarse del lado de una aparente ligera subvaluación en vez de una sobre valuación en relación con las tasas de mercado recientes, de manera que no se cause un retraso en el crecimiento económico.

La experiencia indica que la economía se ajustará rápidamente a una tasa de cambio que es aproximadamente correcta. Repetimos una vez más, que una sobre valuación grande y deliberada o una sub-valuación es indeseable porque requerirá innecesariamente grandes ajustes económicos. Se requerirá que el banco central cambie sus pasivos en pesos determinados en paso 1 por activos en dólares adecuados –en el caso de billetes en pesos y monedas, principalmente a billetes y monedas en dólares; en el caso de sus depósitos en pesos, tal vez a bonos del Tesoro de los Estados Unidos. Se declarará al dólar como moneda "doméstica" con todos los derechos que tiene el peso como moneda de curso legal. Se permitirá que los pagos en pesos se hagan en dólares a la tasa de cambio fijada.

5. Anuncio de Efectivo

Anuncie inmediatamente todos los activos y pasivos en pesos (tales como depósitos bancarios y préstamos bancarios) sean activos y pasivos en dólares a la tasa de cambio fijada. Anuncie un período de transición de no más de 90 días para reemplazar cotizaciones de los salarios y precios en la moneda local con cotizaciones en dólares. Después que ha terminado el período de flotación y la tasa de cambio se ha fijado, los depósitos bancarios en pesos serán depósitos en dólares, mientras que los préstamos bancarios en pesos serán préstamos en dólares. Los bancos no cobrarán comisión por efectuar la conversión.

Durante el período de transición, los salarios pueden cotizarse opcionalmente en pesos, de manera que los empleadores y bancos tengan tiempo para modificar sus contabilidades y sistemas de computación. Los precios también pueden continuar cotizándose en pesos opcionalmente durante el período de transición, de modo que los comerciantes no tengan que cambiar los precios de sus productos en los estantes. Después del período de transición, los salarios y precios dejarán de cotizarse en pesos.

6. Congelación del total de los pasivos

Congele el total de pasivos del banco central y dolarice los pasivos determinados en el paso 1. Una vez que el banco central empieza a redimir la base monetaria en pesos por dólares, no se permitirá a los bancos comerciales cobrar comisión por convertir pesos a dólares. Los bancos comerciales probablemente desearán convertir sus reservas en pesos a activos en dólares inmediatamente, y esto puede hacerse, pero intercambiar los billetes y monedas en pesos en circulación a dólares será más lento.

El banco central o el gobierno deben continuar aceptando billetes de pesos y monedas por un período determinado, por ejemplo, un año, aunque lo grueso del cambio se hará durante los primeros 30 días. Entre 30 y 90 días, los billetes de pesos deben dejar de ser de curso legal para pagos de mano a mano.

7. Decisión sobre la Moneda

Decida lo que hay que hacer respecto a las monedas. Con tiempo suficiente se pueden hacer los arreglos necesarios para tener disponible un suministro de monedas de Estados Unidos para reemplazar las monedas de pesos cuando ocurra la dolarización. Sin embargo, si la dolarización se empieza apuradamente, la cantidad de monedas de los Estados Unidos puede ser insuficiente. Además, la tasa de cambio fija puede ser que no tenga una relación conveniente de números enteros con relación al dólar. Si es así, monedas, y solamente monedas, pueden ser devaluadas o revaluadas a un número entero equivalente que permita divisiones decimales del dólar.

Como en Panamá, las monedas domésticas pueden circular metálicas junto a los billetes de dólar. En vista de que, en la mayor parte de los países, las monedas son solo una pequeña porción de la base monetaria, los efectos en su totalidad serán pequeños y la importancia de este paso será igualmente escasa.

8. Reorganización del Banco Central

Reorganice los componentes del banco central como sea necesario. El banco central cesará de ser una institución para hacer política monetaria. Sus activos y pasivos se pueden transferir al gobierno o a un banco comercial que opere como fideicomisario para el gobierno. A los funcionarios que trabajan en estadísticas financieras, regulación de instituciones financieras, análisis económicos y contabilidad se los puede transferir al ministerio de finanzas o a la superintendencia de bancos. En forma alternativa, el banco central puede convertirse en una nueva autoridad independiente a cargo de las estadísticas financieras y de la regulación financiera, manteniendo su estructura organizacional sin mayores cambios.

Análisis y conclusiones

¿Es tiempo de dolarizar?

Una propuesta para América Latina y el Caribe

En esta sección, intentaremos presentar un análisis a grandes rasgos de la realidad Latinoamericana y del Caribe y los pormenores que conlleva la implementación de un proceso como la dolarización y sus posibilidades como proyecto futuro a tomarse en consideración para la reforma del sistema económico de esta región del mundo, e inmediatamente, seguiremos con las conclusiones, las que fueron el resultado del estudio metodológico de cada uno de los capítulos que componen el libro.

La dolarización, o el reemplazo parcial o total de la moneda de un país con otra divisa, se popularizo en América Latina en la década de 1970, cuando la inflación alta y la hiperinflación socavaron la función tradicional de las monedas nacionales como instrumentos estables de intercambio y reserva de valor. Las empresas y los hogares en esos países empezaron a usar monedas extranjeras —por lo general el dólar— para el ahorro y la compra-venta de bienes importantes, como inmuebles.

Con el tiempo el fenómeno fue extendiéndose mas allá de América Latina hasta convertirse en un rasgo generalizado de los sectores financieros en muchas economías de mercados emergentes. Para comienzos de la década de 1990, los sistemas bancarios de Turquía y varias economías de África, Asia y Europa oriental acumulaban regularmente cuantiosos activos y pasivos denominados en dólares. La posibilidad de que estos pasivos bancarios denominados en dólares superaran con creces los activos bancarios denominados en dólares suponía un grave riesgo para los sistemas financieros en caso de una devaluación o depreciación fuerte y repentina del tipo de cambio. A los reguladores y las autoridades les preocupaba que, debido al consiguiente marcado encarecimiento de estos dólares, tras una devaluación o depreciación, el desequilibrio entre los activos y pasivos bancarios denominados en dólares pudiera generar cuantiosas pérdidas e inestabilidad financiera sistémica. Este riesgo de liquidez fue causa de algunas de las más graves crisis financieras en economías emergentes a mediados de la década de 1990 y comienzos de la década de 2000: Turquía en 1994, Argentina en 1995 y 2001 y Rusia en 1998.

La dolarización empezó a retroceder a comienzos de este siglo conforme mejoraban las condiciones económicas en muchas economías de mercados emergentes. Los términos de intercambio favorable, los tipos de cambio más flexibles y las mejores políticas económicas ayudaron a mantener la inflación baja y reducir el riesgo de devaluaciones monetarias repentinas en muchas de estas economías. Pero en años recientes, las fuertes depreciaciones cambiarias, sumadas a un menor anclaje de las expectativas inflacionarias y una mayor exposición de las empresas a deuda denominada en dólares, hicieron menos probable que continuara la desdolarización, lo cual al parecer está sucediendo. Según datos internacionales desde la crisis financiera mundial, la desdolarización se ha detenido o incluso revertido en muchos países de mercados emergentes. Pero las excepciones más notables están precisamente en América Latina, la cuna de la dolarización financiera moderna con sus ejemplos de países como Ecuador, el Salvador y más antiguamente Panamá.

En lo que tiene que ver específicamente con la dolarización, se observa que ésta puede tener distintos orígenes. La dolarización que surge por la oferta, por ejemplo, con la colonización de un país o cuando un Estado elige libremente como su moneda genuina la de otra nación. Por otro lado, surge por la demanda. Los individuos y empresas pasan a utilizar una moneda extranjera al percibirla como refugio ante la pérdida de valor de la moneda nacional, en situaciones de alta inestabilidad de precios y de tipo de cambio.

Cuando la dolarización es fruto de la inestabilidad económica expresada en altos niveles de inflación y de volatilidad cambiaria, su reversión es poco probable, y la experiencia empírica de los países latinoamericanos así lo demuestra, pues a pesar de la aplicación de procesos exitosos de estabilización, la dolarización no ha disminuido.

En general, en América Latina la dolarización está motivada por la inestabilidad macroeconómica, el escaso desarrollo de los mercados financieros, la falta de credibilidad en los programas de estabilización, la globalización de las economías, el historial de alta inflación y devaluación y las debilidades institucionales, entre otros.

Pero la sustitución informal o de hecho de la moneda nacional por el dólar de los Estados Unidos en sus funciones básicas, como unidad de cuenta, medio de pago y cambio, y reserva de valor, genera consecuencias económicas negativas y limita todas las posibilidades de acción de la política económica discrecional.

En efecto, en economías altamente dolarizadas de manera informal no existe la posibilidad de fijar un objetivo intermedio de política monetaria porque la cantidad de dinero está afectada por la presencia de dólares que no son susceptibles de ser controlados. El dólar es una parte importante de la cantidad de dinero existente en la economía, y es imposible deducir a priori la composición de la demanda de dinero. De esta manera el objetivo final de controlar la inflación a través de la oferta monetaria se convierte en un problema de tanteo, y el manejo de la política monetaria se vuelve absolutamente empírico. Por otra parte, la política cambiaria depende de sí la dolarización se refiere a sustitución de moneda o sustitución de activos, o lo que es lo mismo, se da por motivos transaccionales o por diversificación de carteras o reserva de valor. La teoría recomienda fijar el tipo de cambio si dicha dolarización se refiere a sustitución monetaria y, por el contrario, tener un tipo de cambio flexible o flotante si la sustitución monetaria se refiere a activos. Sin embargo, puede ocurrir que tanto la sustitución monetaria como la sustitución de activos y la cartera de crédito estén presentes.

En cuanto a la dolarización formal u oficial. Es sin duda una medida que conlleva mucha responsabilidad de parte de un gobierno y de un país. Normalmente tiene como precondición a la dolarización informal que es fruto de un largo proceso de inestabilidad e ineficiencia de las políticas económicas convencionales. La pérdida absoluta de confianza por parte de los agentes en las políticas financieras plantea el desafío de la dolarización de derecho, a ser establecida por el Estado mediante normas jurídicas, claras y precisas.

En cuanto a la Dolarización Informal. Esta genera presiones sobre el tipo de cambio en la medida que aumenta la demanda de moneda extranjera. Asimismo, la dolarización informal distorsiona las tasas de interés. Las tasas de interés en moneda extranjera del país dolarizado son más altas que las del país emisor. Esto se debe a que, además del riesgo país, existe un diferencial causado porque los deudores generalmente obtienen ingresos en moneda nacional, lo que incrementa el riesgo de impago ante posibles devaluaciones. Esto genera fragilidad en el sector financiero, cuya cartera podría volverse irrecuperable ante una devaluación monetaria.

Igualmente, la dolarización informal afecta al Fisco y a su programación presupuestaria, pues reduce de manera importante la posibilidad de obtención de ingresos por señoreaje e impuesto inflacionario. Finalmente, la dolarización informal deteriora los ingresos denominados en moneda local, normalmente correspondientes a sectores poblacionales pobres, con poca capacidad para defenderse de la inflación y de las devaluaciones sucesivas.

En definitiva, la dolarización informal es un grave problema en la medida que restringe el campo de acción de las políticas monetaria, cambiaria, fiscal, aumenta el riesgo cambiario y crediticio del sistema financiero y reduce el poder adquisitivo de los sectores poblacionales con ingresos fijos.

En cuanto a la Dolarización Oficial o Plena. Una vez que se ha producido la sustitución monetaria y el dólar ha reemplazado a la moneda nacional en sus funciones, se puede elegir como política de reforma monetaria global la dolarización formal de la economía, que implica una sustitución del 100% de la moneda nacional por la moneda extranjera. De esta manera se podría restaurar la credibilidad, la estabilidad y pueden sentarse las bases mínimas para la recuperación económica y el crecimiento.

La dolarización oficial puede ser una opción importante para lograr un sistema monetario internacional más sólido y menos vulnerable a las crisis. Sus beneficios hacen válida considerarla en los países en desarrollo y es un curso de acción que puede estimular los Estados Unidos ofreciendo compartir el señoreaje.

Las ventajas de una decisión de esta magnitud son varias y se logra a corto plazo. Entre ellas tenemos que se particularizan los choques (*shocks*) exógenos, lo que significa que una perdida en los términos de intercambio, por ejemplo, solo afecta al sector exportador y no a toda la sociedad. Igualmente, se tiende a igualar la tasa de inflación local con la de los Estados Unidos, históricamente baja. Lo propio ocurre con las tasas de interés, lo que facilita la integración financiera e incrementa las posibilidades para que el país sea partícipe de los flujos de capitales internacionales en mayor medida.

Con dolarización plena, la disciplina fiscal se convierte en una condición *sine qua non*, pues desaparecen las posibilidades del cobro del impuesto inflacionario. La dolarización, además, reduce el costo de transacción originado por la alta inflación y la volatilidad cambiaria, descubre problemas estructurales en la producción, cubiertos artificialmente por las políticas discrecionales, y produce beneficios sociales, en tanto que el poder adquisitivo de los ingresos fijos de empleados y jubilados no se deteriora. Sin embargo, la dolarización oficial también tiene costos, en lo que se refiere a la pérdida del señoreaje y, especialmente, a la capacidad de acción frente a los *shocks* exógenos.

Un elemento importante para que la dolarización formal tenga credibilidad es la consecución de un acuerdo de los países que han adoptado la dolarización oficial de sus economías con la Reserva Federal de los Estados Unidos, de manera que dicha dolarización cuente con el respaldo del país que emite la moneda que se convierte en nacional.

Aunque el tema de la dolarización de la economía ha suscitado un considerable interés en el ámbito económico y político en Estados Unidos, habiendo sido objeto de análisis en un comité del Senado de ese país, dicha nación no ha adoptado, hasta ahora, una posición que claramente impulse o favorezca la dolarización en Latinoamérica y el Caribe.

Con relación a los Bancos Centrales. Algo fundamental para la estabilización y el desarrollo de los países Latinoamericanos y del Caribe una vez iniciado el proceso de dolarización, son las reformas al sistema financiero. En este aspecto, es necesario señalar que la reforma financiera debe impulsar la integración de la banca nacional al sistema financiero internacional. Esto es especialmente importante debido a que, con la dolarización oficial de la economía, desaparece el papel de prestamista de última instancia de los Bancos Centrales. Las corridas de depósitos y las crisis de liquidez, solo pueden y deben cubrirse por la banca internacional asociada a la banca local. Al perderse la capacidad de emisión de dinero, la banca central no puede dar ningún tipo de crédito al sistema financiero nacional, los nuevos prestamistas de última instancia son los bancos extranjeros.

En estas condiciones, cualquier proyecto de reforma y fortalecimiento del sistema financiero debería partir de la definición clara y fundamentada de qué tipo de instituciones se necesitan en el nuevo esquema económico. Además, se tiene que considerar con profundidad que, con dolarización oficial de la economía, la integración financiera de la banca nacional con la internacional se convierte en una prioridad insoslayable.

Es necesario, por lo tanto, establecer que cualquier iniciativa referente al sistema financiero Latinoamericano y del Caribe debe partir de estos pre-supuestos conceptuales y pro-activos, los que necesitan ser desarrollados con carácter prioritario, dadas las urgencias y premuras de la economia de los países.

Política Financiera. En política financiera cuando se lleva a cabo un proceso de dolarización, al menos deben considerarse los siguientes principios:

Un país con propósitos definidos de dolarización oficial de su economía requiere de un sistema financiero profundamente integrado en el sistema financiero internacional. Debido a la desaparición de la función del Banco Central, la presencia de sucursales, agencias y oficinas de instituciones financieras internacionales significa un elemento vertebrado del esquema de dolarización, pues son los recursos que traen estas instituciones (el ahorro externo), sumados a los generados por el país, vía exportaciones, ingresos de capitales y remesas de los emigrantes, los que constituyen la masa monetaria que sirve para permitir la circulación de la producción, la inversión y la acumulación de capital.

El sistema de supervisión bancaria y financiera que exige un país con dolarización oficial va mucho más allá del tradicional sistema de supervisión. En efecto, el control del sistema financiero basado en auditorias externa (ex post) tiene que ser reemplazado por un sistema de inspección permanente que contenga indicadores de alerta, y que permita a la Superintendencia de Bancos intervenir con la prontitud que requiera el caso. Esto es especialmente importante en el nuevo sistema económico porque, en ausencia de prestamista de última instancia, no puede existir ningún relajamiento del riesgo moral, el cual definitivamente no debe ser asumido ni por el Banco Central ni por el Estado.

Por otro lado, la supervisión del sistema financiero debe ser asumida de manera coordinada por la Superintendencia de Bancos y el Banco Central en su nueva redefinición, tanto en los niveles microeconómicos como macroeconómicos. Esto es así porque la situación del sistema financiero responde, normalmente, al contexto económico general y al comportamiento de la macroeconomía y, además, porque los riesgos y amenazas no solo se encuentran al interior de las entidades financieras, sino en el contagio entre las mismas o en la inestabilidad de los otros sectores de la economia.

Debido a la profundidad de la crisis vivida por el sistema financiero de la mayoría de los países Latinoamericanos y del Caribe, de la que, ciertamente, son parte las Superintendencias de Bancos y los Bancos Centrales, se necesita, urgentemente, una renovación amplia de estas instituciones, las cuales deberán establecerse con fundamentos en el esquema de dolarización oficial de la economía a ser aplicado en cada país individualmente.

Dicha renovación tiene que sustentarse:

- En primer lugar, en la conceptualización del sistema financiero y de las entidades de supervisión y control que se requieren bajo el nuevo esquema económico.

- En segundo término y sobre la marcha, la Superintendencia de Bancos necesita adecuar su estructura para ejercer inmediatamente actividades de inspección del sistema financiero local.

- En tercer lugar, la entidad de supervisión financiera debe propulsar de manera decidida la integración del sistema financiero nacional al internacional. Con total claridad y de manera directa, la entidad de control debe manifestar a los bancos e instituciones financieras que su viabilidad podría verse comprometida por corridas y crisis de liquidez, las que no podrán ser solventadas ni por el Banco Central ni por el Estado, por lo que, la única medica de precaución eficiente es una mayor integración en el sistema financiero internacional

La dolarización oficial de la economia exige un cambio en la regulación con el fin de lograr instituciones sólidas y eficientes que cumplan los cometidos que la reactivación económica y el nuevo sistema demandan. En ese sentido, la fusión de la Superintendencia de Bancos en el Banco Central lograría centralizar en una sola entidad todo el sistema de pagos, así como el control, la inspección, la cámara de compensación, la liquidez, el riesgo, la supervisión in situ y extra situ, la macroeconomía y la microeconomía de la actividad financiera, entre otras actividades. La economia contaría entonces con una entidad fortalecida técnica y operativamente, que alcanzaría economías de escala y eficiencia. No obstante, una segunda alternativa sería la de tener dos entidades de control, fuertemente coordinadas y con poderes de intervención amplios, los cuales bien podrían ser similares para ambas instituciones. Esto podría significar que la economía del país esté en posesión de dos filtros por los cuales debe obligatoriamente pasar el sistema financiero nacional, lo que podría generar eficiencia en el control y la inspección. Obviamente, esas dos entidades serian el Banco Central y la Superintendencia de Bancos con una redefinición clara y precisa de sus funciones.

Propuesta para:
Latinoamérica y el Caribe

¿Es tiempo de dolarizar?

Una propuesta para América Latina y el Caribe

En vista de que la dolarización oficial ha pasado de una oscura idea, a ser debatida diariamente en un número cada vez mayor de países, y existiendo plena conciencia de la falta de información básica y resultados fidedignos de las cuatro experiencias de Latinoamérica, y además, sabiendo que este proceso podría ser tomado en consideración por otros países para cambiar sus economías, quisiéramos documentar una propuesta y así contribuir con este material escrito a la reflexión sobre el proceso para fines de información y profundización de su estudio en el futuro.

PROPUESTA

1. La conformación de un equipo de expertos en la materia, representantes de los diferentes países Latinoamericanos y del Caribe interesados en el proceso y observadores representantes de países no claramente decididos a entrar en el proceso, y sobre todo y de manera especial la inclusión de los países con experiencias de dolarización, que lideren una investigación diagnóstica profunda sobre el proceso de la "dolarización" y las experiencias de los países envueltos.

2. Que este equipo se encuentre disponible para futuras asesorias oficiales a los países interesados en el proceso.

3. Que se organice de forma objetiva y práctica una guía básica consensuada previamente, de la ruta a seguir en el proceso de dolarización.

4. Que se inicie un movimiento tendiente al estudio y la educación sobre el proceso de dolarización en Universidades, Instituciones Educativas, Foros Organizados, Partidos Políticos, ONG, Círculos Religiosos, Sindicatos, Asociaciones, Sociedades y el Pueblo en general, en los países de Latinoamericanas y del Caribe interesados en el proceso, con la finalidad de tomar conciencia de los riesgos, ventajas y costos que este conllevaría.

5. Que se cree un fondo de divisas en dólares de parte de los países Latinoamericanos y del Caribe con el apoyo de los organismos internacionales de financia-

miento y del Tesoro de los EE.UU., para ser utilizado exclusivamente en dos aspectos fundamentales:

Primero: costear el equipo de asesores, las investigaciones, publicaciones y trabajos a realizar relativos al tema.

Segundo: que parte de este fondo tenga disponibilidad para ser utilizado, en caso de emergencias, para compensar el efecto negativo de los choques externos sobre el crecimiento económico y su volatilidad en los países dolarizados y los que decidan adoptar este nuevo proceso.

Ya completados los pasos anteriores, vendría la parte de negociación y diplomacia y es cuando el equipo latinoamericano debe tomar las riendas de conversaciones para posibles negociaciones con los Estados Unidos, en donde se incluya entre todos los temas una propuesta para que, en caso de dolarización con ese país, se comparta el señoreaje y que se firme un acuerdo al respecto.

REPÚBLICA DOMINICANA

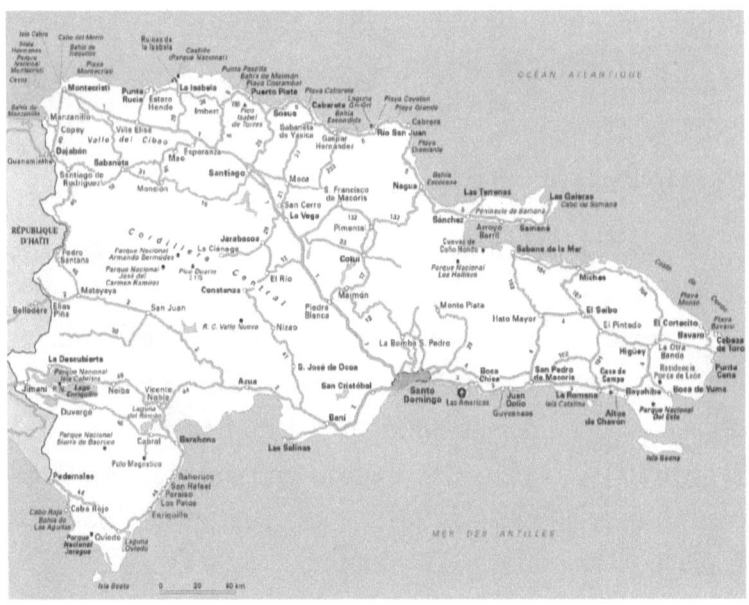

Capital:	Santo Domingo
Idioma oficial:	español
Forma de gobierno:	República presidencialista unitaria
Gentilicio:	dominicano/a
Superficie Total:	48,311 km²
Agua (%):	0.7%
Población: Estim. (2016)	10,075,045 hab.
Censo (2010)	9,445,281 hab.
PIB (PPA): Total (2016)	US$159,322 millones
Per cápita:	$15,777

PIB (nominal): Total (2016) US$71,433 millones

Per cápita: US$7,074

Moneda: Peso (RD$

MARCO HISTÓRICO

República Dominicana nunca ha sufrido el tipo de hiperinflación típico de América Latina, pero el record a largo plazo de la moneda dominicana ha tenido algunas manchas, en el mejor de los casos. Cuando el gobierno dominicano empezó a emitir papel moneda por primera vez en 1844, el peso dominicano en papel era nominalmente igual al dólar de plata (peso fuerte), emitido por España, México y Estados Unidos.

No obstante, el gobierno acudió con tanta frecuencia a la imprenta que la tasa se fue depreciando gradualmente hasta 50 pesos en papel por un "silbar dólar". En 1869, el gobierno autorizó que un banco nacional emitiera 3 papeles moneda, con una tasa de cambio que cayó de 1 peso nuevo en papel (a corto plazo) por dólar de plata a 17 pesos en papel. La insatisfacción con la inflación generada por esos arreglos provocó que en la República Dominicana dejara de emitirse papel moneda en 1903. En su lugar, el país utilizó el dólar estadounidense, en otras palabras, se dolarizó.

El sistema monetario dolarizado de RD duró hasta 1947, cuando la dictadura de Rafael Trujillo estableció el Banco Central de la República Dominicana. El Banco Central se estableció según la moda intelectual de aquellos tiempos: Con la creencia de que cada país independiente debía contar con su banco central y moneda propia. Desde su creación el Banco Central ha estado sujeto a las presiones políticas. Desde 1947 hasta 1985 la tasa de cambio inicial de un peso dominicano por dólar se mantuvo. Durante gran parte de ese periodo los controles al cambio se utilizaron para ajustar la tasa de cambio.

Durante la década de 1992-2002, la República Dominicana constituyó todo un éxito económico. El producto interno bruto real creció 745%. Como resultado, la República Dominicana cerró su brecha de ingresos con Estados Unidos, al desplazarse el PIB real por persona de aproximadamente 12% del nivel de EEUU en 1992 a 18% en 2002. La inflación estuvo debajo de 10%, excepto en 1995 cuando llegó a 14.3% y el 2002 cuando fue de 10.5%. La deuda del gobierno era relativamente baja, llegando solo al 26% del PIB en 2002.

Después de una década de rápido crecimiento, la República Dominicana entró en una espiral descendente en 2003. La economía se contrajo por primera vez desde 1990 (en 0.4%) y la tasa de inflación se cuadruplicó saltó a 42.7%, la deuda del gobierno superó el doble, las tasas de interés se dispararon y el Banco Central incurrió en grandes pérdidas. La tasa de cambio oficial del peso dominicano se depreció de 17.76 por dólar de EEUU a finales de 2002 a 35 y hasta a 50 por dólar a finales de 2003.

Para el año 2003 el Banco Intercontinental (BANINTER) era el segundo banco comercial privado más grande en el país antes de colapsar ese mismo año, cuando se descubrió un fraude espectacular ligado a toda la corriente de corrupción que ya había tomado cuerpo de forma institucionalizada en el país hasta ese momento. El resultado fue un déficit de más de US$2.2 billones de dólares equivalentes a aproximadamente un 15% del Producto Interno Bruto de la nación.

La República Dominicana entró en un espiral descendente después de un mal manejo en el rescate bancario que descapitalizó al Banco Central de un solo golpe y les costó directamente a los dominicanos 15% de su producto interno bruto. Lo que había empezado como una operación rutinaria en funciones de prestamista de último recurso, terminó con un Banco Central que se hizo cargo de la quiebra de BANINTER; el segundo banco privado más importante del país. Esta situación del rescate trajo como consecuencia un daño colateral que se ha esparcido hasta nuestros días por todos los niveles de la economía nacional.

Ante la falta de una estrategia para restaurar la confianza y el crecimiento, República Dominicana ha registrado varios años consecutivos de recesión e inflación de doble dígito existiendo en la actualidad muy poca confianza en el peso dominicano y donde a pesar de que las cifras oficiales publicadas por el Banco Central exhiben otra realidad, las perspectivas de estabilización del peso no son buenas. La realidad es que la tasa de cambio oficial del peso dominicano se ha depreciado de tal manera y no se ven señalas de estabilización en el futuro cercano.

Para restaurar la confianza y revertir el espiral descendente, el país tiene que implementar reformas enérgicas y debería elegir una de tres opciones monetarias:

- Una junta monetaria independiente y no politizada

- Un sistema "dolarizado"

- O un régimen de banca libre

Cualquiera es factible y restablecería la confianza en la República Dominicana siempre que se lleve a cabo siguiendo patrones organizados y fundamentados. Además de la reforma monetaria, la República Dominicana tiene que implementar firmes reformas tributarias que estimulen el trabajo legal en la economía formal, los ahorros y las inversiones.

Solamente se aseguraría el éxito, si la pieza central es un nuevo régimen monetario que genere dinero estable y que sea capaz de eliminar definitivamente la incertidumbre cambiaria que desalienta a las inversiones y obstaculiza el movimiento de capitales desde y hacia el país.

Al eliminar el riesgo cambiario tendremos entre otros los siguientes beneficios: Desaparecerá el diferencial entre tasas activas en moneda nacional y en dólares, convergiendo el costo del crédito al nivel de tasas en los Estados Unidos.

Desaparecerá el riesgo país que nos es más que el índice que intenta medir el grado de riesgo que entraña un país para las inversiones extranjeras, es decir, la probabilidad de que las ganancias sean menos que lo esperado o que existan perdidas.

También desaparecerá, el riesgo soberano que viene siendo, el riesgo de una inversión económica debido sólo a factores específicos y comunes a un cierto país, esto está relacionado con la eventualidad de que un estado soberano se vea imposibilitado o incapacitado de cumplir con sus obligaciones con algún agente extranjero, por razones fuera de los riesgos usuales que surgen de cualquier relación crediticia.

Por otra parte, al desaparecer la moneda nacional, los dólares mantenidos como reservas internacionales en el Banco Central pasan a manos del público, lo que reduce la posibilidad de que el Estado incremente sus déficits, y que, al incurrir en problemas de iliquidez, se apropie de dichas reservas para financiar sus gastos. Asimismo, desaparece el impuesto inflacionario como mecanismo de financiamiento público.

Se eliminaría toda posible indexación de precios y salarios de la economía, pues el público pasa definitivamente a pensar en dólares y así veremos como en el corto plazo, la estabilidad gestada por la dolarización oficial induciría a un aumento del ahorro promedio de la población, con los consecuentes beneficios en la inversión y el crecimiento. Finalmente se eliminaría de una vez por todas las posibilidades de que el Banco Central imprima pesos inorgánicos o actúe como prestamista de última instancia y desaparecería el riesgo moral, obligando a los bancos privados a ser los únicos responsables entre sus depositantes.

UNA PROPUESTA PARA
LA REPÚBLICA DOMINICANA: 8+8

La República Dominicana es una economía altamente dolarizada de forma parcial pues tanto los precios de los bienes y servicios como los costos se fijan, en función al valor del dólar. De igual forma el 45% de la cartera bancaria y el 30% de los depósitos están en dólares. El turismo produce el 25% de las divisas del país, y aporta cerca del 8% del PIB, además, tenemos una entrada de divisas extranjeras proveniente de la diáspora dominicana viviendo en EEUU, Europa y otros países del mundo que ronda alrededor de los $3,000,000 millones de dólares, siendo el dólar estadounidense el de mayor cantidad, seguido inmediatamente por el euro. (dominicanos viviendo en EE UU, alrededor de 1.8 millones con un 47% establecidos en la ciudad de New York).

Al considerar los costos y beneficios de la dolarización surge la pregunta.

¿Podría considerarse la República Dominicana como un candidato potencial para la dolarización oficial? La respuesta envuelve consideraciones de índole económica y política pues la República Dominicana está completamente integrada a los mercados externos ya que la suma de nuestras exportaciones e importaciones son iguales o superiores al PIB. Adicionalmente, estamos integrados a la economía norteamericana, con un 80% de nuestro comercio y flujo de capitales realizados con esa nación. Además, la población de dominicanos viviendo en EE.UU.

Hay que enfatizar que la dolarización oficial sería una decisión voluntaria de parte del país, sería inapropiado que los Estados Unidos o cualquier otro país presionara para que se dolarice.

En vista de las crisis financieras y económicas que ha vivido la República Dominicana, caracterizada por un incremento marcado en las tasas de inflación, tasas de interés real, expatriación de capitales, desempleo, decrecimiento de la economía y de la inversión extranjera, quiebra de las zonas francas, disminución acelerada del turismo en el país, incremento del endeudamiento externo, disminución de las entradas de divisas de los nacionales en el extranjero, acuerdos, desacuerdos y directrices con las firmas del Fondo Monetario Internacional, empeoramiento e inseguridad de la crisis que afecta al pueblo haitiano y las variantes en los aumentos y bajas del precio del petróleo en el día a día, queremos abrir el debate sobre lo que podría ser una salida histórica a la realidad financiera y económica del país y sobre todo un sincerarse con los gastos en dólares con que, por obligación, se desenvuelve el pueblo, en relación a los pesos que se devengan en los salarios a nivel nacional.

Queremos hacer mención de algunos datos ofrecidos por el diario estadounidense El Nuevo Herald el día 30 de Enero del 2017.

Según los expertos la República dominicana ha asumido déficit fiscal a partir del año 2000, año tras años, con excepción de un año, y advierten que el peso de la deuda ha alcanzado niveles alarmantes para la nación caribeña siendo el pago de intereses aproximadamente una cuarta parte del presupuesto del Estado. Y ese déficit fiscal se ha financiado con endeudamiento.

Las cifras del Fondo Monetario Internacional colocaban la deuda pública consolidada dominicana en el equivalente de 48.5% del Producto Interno Bruto en el 2015, y para el 2016 estimaba que alcanzaría el 49.5%.

Gran parte del problema son las altas tasas de interés que el país paga por esos préstamos. La tasa de interés promedio está por encima del 8%, y eso obliga a que el gobierno tenga que dedicar al pago de intereses una enorme cantidad de recursos. La suma de los intereses que paga el gobierno central y del Cuasi fiscal del Banco Central alcanza el 4.08% del PIB.

La deuda consolidada, la suma del costo de la deuda del gobierno central y la del Banco Central, ha llevado a que 29 de cada 100 pesos recaudados por concepto de impuestos se dediquen al pago de intereses.

Tomado de *El Nuevo Herald*: http://www.elnuevoherald. com/noticias/mundo/america-latina/article129490124. html#storylink=cpy

PROPUESTA: LAS PRIMERAS 8

1. Organizar un equipo nacional de expertos en la materia que haga un estudio realista no politizado, sobre la realidad de la economía dominicana y la posible aplicación del proceso de dolarización como alternativa del futuro a corto y/o a largo plazo.

2. Que una vez terminado este estudio se inicie una campaña con foros de estudio en las academias universitarias, en las asociaciones organizadas, en los partidos políticos, en las ONG, en la comunidad religiosa y en el seno del pueblo sobre la materia, para que se conozca todo lo concerniente al proceso de dolarización.

3. Que se organice una ruta crítica para que en el caso de que se necesite establecer el proceso de dolarización este se implemente, a sabiendas de que este proceso conlleva una serie de pasos que deben ser seguidos de manera ordenada y estricta para lograr un proceso con un mínimo de trauma y con éxito.

4. Que esta comisión de expertos inicie la investigación como país interesado en la dolarización, de cómo conseguir los dólares del país emisor (en este caso los EEUU).

5. Que se contacten los cuatro países Latinoamericanos dolarizados para aprender de sus experiencias en el proceso.

6. Que se responsabilice a un comité de expertos legales y financieros de la comisión creada, a redactar un Proyecto de Ley sobre el Sistema Monetario y su Marco Legal, que sirva como base fundamental para

manejar los aspectos técnicos de un posible proceso de dolarización en el país.

7. Que se responsabilice al gobierno a controlar de una vez por todas al Banco Central para que no se imprima más peso inorgánico y se ayude a la estabilización del mercado cambiario.

8. Que si se toma la decisión de dolarizar, que se realice) una evaluación de la SECCIÓN II DEL RÉGIMEN MONETARIO Y FINANCIERO de la Constitución de la Republica para su derogación y se hagan los cambios necesarios para que esta sea legal y sin marcha atrás.

Para que la dolarización oficial sea sostenible por Ley y se mantenga, se requiere que una vez cumplidos los ocho (8) puntos antes expuestos, se continúe con los ochos puntos finales (8).

PROPUESTA: LAS 8 FINALES

1. Una supervisión prudencial rigurosa.

2. Un Estado que cobre impuestos en dólares, gaste en dólares, se endeude en dólares y cancele sus deudas en dólares.

3. Un entorno jurídico que haga imposible que el Gobierno Nacional y los gobiernos municipales mantengan creciente déficit fiscal.

4. Un nuevo Banco Central que se involucre activamente en la regulación y la supervisión del sistema

bancario y del sistema de pagos, y analice las variables macroeconómicas para impulsar el desarrollo.

5. Una renuncia a las medidas discrecionales para controlar los flujos de capitales (impuestos, etc.), de manera que el arbitraje de tasas de interés funcione plenamente.

6. Una aceleración de la participación en las fases de la integración continental en el marco del Tratado para América del Norte (NAFTA), de la Asociación de Libre Comercio para las América (ALCA), del Tratado de Libre Comercio (TLC) y de las naciones con dolarización oficial.

7. Un sistema de ajuste automático que, en lugar de concentrarse en los vaivenes de las reservas del Banco Central, resida en los res balances de las carteras de activos de todos los agentes financieros del país.

8. Cláusulas constitucionales que otorguen a la dolarización el carácter de irreversible.

TABLA 7
SALARIO MÍNIMO EN REPÚBLICA DOMINICANA
República Dominicana: $272.00 Dólares mensuales   Cambio$46.9 por US$1.00 dólar
Sector privado Empresas grandes   11,298 pesos mensuales =US$272
Empresas Pequeñas   7,765 pesos mensuales=US$187
6,880 pesos mensuales =US$160 dólares.

El Salario mínimo nacional para los trabajadores está determinado por resoluciones del Comité Nacional de Salarios (CNS), y depende del tipo y del tamaño de la empresa en que trabajan. Para el sector privado no sectorizado, hay tres categorías:

La primera categoría aplica a empresas cuyas instalaciones o existencias, o el conjunto de ambos elementos, igualen o excedan de la cifra de cuatro millones de pesos dominicanos (RD$4,000,000.00). La tercera categoría aplica a empresas cuyas instalaciones o existencias, o el conjunto de ambos elementos, no excedan de la cifra de dos millones de pesos dominicanos (RD$2,000,000.00).

La segunda categoría corresponde a empresas que caen entre los dos grupos mencionados. También hay una tarifa especial por jornada de 10 horas para trabajadores agrícolas, así como una categoría especial para vigilantes privados.

Existe una escala con tres categorías para hoteles, casinos, restaurantes y negocios afines. Los trabajadores de las zonas francas y los de la industria azucarera también son considerados por separado.

El tres de julio del 2013 fue pactado un aumento a los salarios mínimos para el sector privado no sectorizado de 14%. Este aumento fija el salario mínimo mensual para la primera categoría en RD$11,298, el de la segunda categoría en RD$7,765 y el de la tercera categoría en RD$6,880. Además, el salario mínimo para trabajadores agrícolas por jornada de 10 horas se fija en RD$234, mientras que el salario mensual de los vigilantes privados sube a RD$9,526

TASA DE CAMBIO Y DEUDA EXTERNA EN REPÚBLICA DOMINICANA

La tasa de cambio del peso dominicano flota dependiendo de las fuerzas del mercado. Por ejemplo, a agosto del 2016, un dólar de EEUU equivalía

En cuanto a la deuda externa de la Republica Dominicana según indica el Banco Central en su Informe de la Economía Dominicana, enero-septiembre 2014, con respecto a enero septiembre del 2013, la deuda externa creció 11.8% en igual período del 2014.

El aumento de US$1,747.2 millones en la deuda, se debió fundamentalmente a las nuevas emisiones de bonos soberanos y al Acuerdo de Cooperación Energética (Petrocaribe).

De acuerdo a las estadísticas preliminares del Banco Central y la Dirección General de Crédito Público, la deuda externa del sector público consolidado al cierre de septiembre de 2014 ascendía a US$16,597.1 millones, equivalente a un 26.4% del Producto Interno Bruto (PIB).

Del monto global de la deuda, US$15,697.1 corresponden al sector público no financiero, en tanto que los US$900.1 millones restantes corresponden al Banco Central, equivalentes a un 24.6% y 1.4% del PIB.

En lo referente a la deuda pública no consolidada en el período, los desembolsos recibidos por el sector público ascendieron a US$2,250.3 millones, de los cuales US$2,135.1 millones fueron al sector público no financiero y US$115.2 millones al Banco Central, lo que refleja un aumento de los desembolsos recibidos en un 16.5%.

Como hemos visto esta es la realidad de la Republica Dominicana y creo que es importante estar consciente de que es más o menos un reflejo de la mayoría de los países de la región de América Latina y el Caribe (ALC), los cuales hoy se encuentra en un momento delicado y decisivo ya que, los beneficios y ganancias derivadas del auge internacional de las materias primas van desapareciendo y los mercados domésticos y la demanda interna ya no son suficientes para contribuir al crecimiento y la estabilidad de los pueblos. De ahí nace el hecho de que los gobiernos de ALC enfrentan mayores expectativas sociales por parte de una clase media que está más conectada, más involucrada y exige más.

Actualmente, satisfacer las crecientes demandas de la clase media se vuelve más difícil en tanto los gobiernos se ajustan a la nueva realidad post auge. La transformación fue tan rápida que los gobiernos tienen dificultades para ponerse al día y responder a estas demandas, es por esto que la transparencia y la rendición de cuentas son fundamentales para mantener la credibilidad de los gobiernos y contener a la población y a los mercados.

Las experiencias de ALC nos señalan que el Producto Interno Bruto (PIB) registró un descenso de alrededor de medio punto porcentual en 2015 en la región y se espera que se contraiga 1,1% en 2016, esto marcaria la primera recesión bianual en más de tres décadas.

Se va a necesitar demanda externa y el traslado de más recursos a la economía exportadora. Esta es la corriente que predomina actualmente en muchos países de ALC, y es por esto que se cree, que los vínculos económicos internacionales son una fuente potencial de crecimiento estable. Es sumamente importante seguir este tipo de política para lograr que esta transformación complementaria de integración regional continúe hasta lograr la integración a nivel mundial.

Las remesas y los países latinoamericanos y del Caribe

¿Es tiempo de dolarizar?

UNA PROPUESTA PARA AMÉRICA LATINA Y EL CARIBE

Las remesas son fondos que los emigrantes envían a su país de origen, normalmente a sus familiares. Este hecho ha alcanzado una importancia capital para la supervivencia de cientos de miles de familias en sus países, que viven y comen como resultado de las remesas recibidas. Además, la entrega de las remesas se ha facilitado debido a la mejoría en los sistemas de comunicación a nivel global y al gran desarrollo alcanzado en la banca a nivel internacional.

Las remesas familiares son transferidas de recursos de personas en el exterior, principalmente de Estados Unidos, y la Eurozona, aunque pueden ser de cualquier parte del mundo, a sus familiares, en los diferentes países de Latinoamérica y el Caribe.

Según el Banco Interamericano de Desarrollo (BID), la recepción de dinero de inmigrantes en América Latina se ha multiplicado por tres desde 2001. Latinoamérica y el Caribe recibió en remesas unos US$65.382 millones en año 2014 que marcó un récord histórico que superó la cifra máxima alcanzada en 2008.

Las fluctuaciones de las remesas dependen del estado económico de los países receptores de migración y es por esto que las remesas desde Estados Unidos se han comportado mejor que las originadas en Europa.

El año 2008 - 2009, año de la gran recesión mundial, fue el de la caída más pronunciada de remesas en los últimos 15 años: un descenso del 15%.

Ya para el año 2010 al controlarse la recesión mundial, se observó una recuperación de los envíos desde Estados Unidos y lo cual se consolidó en los años siguiente.

Para el año 2014, el empleo de latinoamericanos y caribeños en Estados Unidos creció en 4,3% respecto al 2013 llegando la fuerza laboral total de migrantes latinoamericanos a la cifra aproximada de unos 15 millones. Este crecimiento económico produce un círculo virtuoso de mayor envío de remesas y nuevos flujos migratorios que, a medida que se integran en el circuito laboral, aumentan potencialmente el volumen de remesas.

Todos conocemos las experiencias a que ha estado sometida la Eurozona, cuyo estancamiento ha llevado a que las remesas hayan sufrido un retroceso en Suramérica. Por ejemplo, en 2014 hubo una caída de remesas del 1% respecto al año 2013 en la región, ya que una parte importante de sus remesas provienen mucho más de Europa, y sobre todo de España que sigue todavía en un proceso de recuperación de su crisis económica.

Las remesas recibidas en el 2015, suponen un aumento del 8% en México, del 7.4% en América Central y del 6,3% en el Caribe debido al crecimiento económico de Estados Unidos y a la disminución del desempleo. En sentido general se espera que la economía latinoamericana se expandirá un 1% en el 2016.

TABLA 8

Países mas beneficiados
por el flujo de remesas en ALC:

- México US$23.645 millones, es el país que más remesas recibe, aproximadamente un 2% del PIB, superaron sus exportaciones de petróleo en 2014

- Guatemala US$5.554 millones, representan el 15% de su Producto Interno Bruto (PIB), equivalente a la mitad de sus exportaciones y al monto total de las reservas

- República Dominicana (US$4.571 millones)

- El Salvador (US$4.217 millones)

- Colombia (US$4.093 millones)

La región de América Latina y el Caribe (ALC) se encuentra en un momento delicado y decisivo ya que, los beneficios y ganancias derivadas del auge internacional de las materias primas van desapareciendo y los mercados domésticos y la demanda interna ya no son suficientes para contribuir al crecimiento y la estabilidad de los pueblos. De ahí nace el hecho de que los gobiernos de ALC enfrentan mayores expectativas sociales por parte de una clase media que está más conectada, más involucrada y exige más.

El Producto Interno Bruto (PIB) registró un descenso de alrededor de medio punto porcentual en 2015 en la región y se espera que se contraiga 1,1% en 2016, esto marcaria la primera recesión bianual en más de tres décadas.

Se va a necesitar demanda externa y el traslado de más recursos a la economía exportadora. Ya existe esta corriente en muchos países de ALC, y es por esto que se cree, que los vínculos económicos internacionales son una fuente potencial de crecimiento estable. Es sumamente importante seguir este tipo de política para lograr que esta transformación complementaria de integración regional continúe hasta lograr la integración a nivel mundial.

Recuperar el crecimiento económico e invertir en las personas será crucial a la hora de preservar y seguir impulsando, las profundas transformaciones económicas y sociales que ALC experimentó. En los últimos diez años, millones de personas salieron de la pobreza y pasaron a engrosar las filas de la clase media. El fuerte crecimiento económico

—impulsado por el auge de las materias primas, reformas internas y un entorno económico mundial favorable— fue responsable de estos avances. Los programas sociales complementarios, posibilitados por el creciente espacio fiscal, ayudaron a contener a los pobres y desfavorecidos.

Actualmente, satisfacer las crecientes demandas de la clase media se vuelve más difícil en tanto los gobiernos se ajustan a la nueva realidad post auge. La transformación fue tan rápida que los gobiernos tienen dificultades para ponerse al día y responder a estas demandas. La transparencia y la rendición de cuentas son fundamentales para mantener la credibilidad de los gobiernos y contener a la población y a los mercados.

Para el 2017, se prevé que la economía regional crezca un 1,8 por ciento y continúe expandiéndose en 2018, aunque ello dependerá en gran medida de la fortaleza de los mercados externos y la capacidad de abordar los desafíos macroeconómicos.

Recuperar el crecimiento económico e invertir en las personas será crucial a la hora de preservar y seguir impulsando, las profundas transformaciones económicas y sociales que ALC necesita, en particular, invertir en una educación de calidad jugará un papel importante a la hora de permitirles a los más vulnerables contribuir a y beneficiarse del crecimiento económico futuro. Se debe hacer mayor hincapié en el desarrollo de capacidades y la remoción de obstáculos a la actividad económica, como una infraestructura inadecuada y leyes laborales o financieras inflexibles.

La dolarización seria solo un paso inicial, aunque muy importante, para recuperar la confianza perdida, pues la credibilidad y la estabilidad en sí mismas no aseguran que un país llegue a la prosperidad y a la solución de sus problemas sociales. Pero la credibilidad y la estabilidad son condiciones absolutamente necesarias para alcanzar los objetivos de bienestar con calidad de vida, seguridad y paz en todo país.

Es por esto que nos preguntamos **¿ES TIEMPO DE DOLARIZAR?**

Anexo

SALARIO MÍNIMO DOLARIZADO DE PAÍSES DE ALC Y EEUU

El salario mínimo es la remuneración mínima establecida legalmente, para cada periodo laboral (hora, día o mes), que los empleadores deben pagar a sus trabajadores por sus labores. Fue establecido por primera vez en Australia y Nueva Zelanda en el siglo XIX. La cuantía del salario mínimo se utiliza para establecer el salario máximo.

Generalmente se expresa en unidades monetarias por jornada de trabajo; por ejemplo, que no se puede pagar menos de 6 euros/dólares/libras a un trabajador por cada hora de trabajo. Cada país suele establecer las normas legales que regulan el salario mínimo y los mecanismos para determinar periódicamente su monto, generalmente en forma anual.

TABLA 9

Salario Mínimo Latinoamérica y EEUU

SALARIO MINIMO: Latinoamérica y EEUU (2015)

Argentina	**$449.00 Dólares mensuales**
Salario mínimo	3,600.00 mensuales =U$S 449
Bolivia	**$172.00 Dólares mensuales**
Salario mínimo	Bs 1440 mensuales =US$172
Brasil	**$306.oo Dólares mensuales**
Salario mínimo	724 reales mensuales =US$306
Colombia	**$359.00 Dólares mensuales**
Salario mínimo	688.000 pesos mensuales =US$359.
Costa Rica	**$319.00 Dólares mensuales**
Salario mínimo	589.500 pesos mensuales =US$319
Cuba	**$20.00 Dólares mensuales**
Chile	**$411.00 Dólares mensuales**
Ecuador	**$340.00 Dólares mensuales**
El Salvador	**$242.40 Dólares mensuales**
Guatemala	**$321.00 Dólares mensuales**
Honduras	**$364.00 Dólares mensuales**
Salario mínimo	7,419 lempiras mensuales =US$364

México Salario mínimo	**$97.80 Dólares mensuales** 1345.80 pesos mensuales =US$97.80
Nicaragua Salario mínimo	**$166.50 Dólares mensuales** 4,261 córdobas mensuales =US$166,5
Panamá	**$624.00 Dólares mensuales**
Paraguay Salario mínimo	**$409.00 Dólares mensuales** 1.824.055 mensuales =US$409
Perú Salario mínimo	**$267.66 Dólares mensuales** $616.027 mensuales =US$ 267,66
Uruguay	**$422.00 Dólares mensuales** Cambio de $ 21,20 por dólar
Venezuela Salario mínimo	**$63.oo Dólares mensuales** Bs3.270 mensuales=US$63,05
Estados Unidos	**$1,616.00 Dólares mensuales** $10.10 la hora x 40 horas semanales = $404 x 4= $1616 mensuales
República Dominicana	**$272.00 Dólares mensuales**

TABLA 10
SALARIO MÍNIMO DE ALGUNOS PAÍSES DE **E**UROPA EN EUROS

Alemania: interprofesional 1.440 € al mes, es decir 17.280 euros al año

España: 645€,

Francia: 1.430€,

Italia: 880€,

Inglaterra: 1.179€

Glosario

ALC: la región de América Latina y el Caribe

Acepción: Cada uno de los significados en que se toma una palabra o frase en distintos actos del habla.

Balanza de pagos es un registro de todas las transacciones monetarias producidas entre un país y el resto del mundo en un determinado periodo.

Banco central es la institución que en la mayoría de los países ejerce como autoridad monetaria[1] y como tal suele ser la encargada de la emisión del dinero legal y en general de diseñar y ejecutar la política monetaria del país al que pertenece.

Bolsa de Valores es una organización privada que brinda las facilidades necesarias para que sus miembros, atendiendo los mandatos de sus clientes, introduzcan órdenes y realicen negociaciones de compra y venta de valores, tales como acciones de sociedades o compañías anónimas, bonos públicos y privados, certificados. Los bonos son instrumentos financieros de deuda utilizados tanto por entidades privadas como por entidades de gobierno.

Bono es una de las formas de materializarse los títulos de deuda, de renta fija o variable. Pueden ser emitidos por una institución pública (un Estado, un gobierno regional o un municipio) o por una institución privada (empresa industrial, comercial o de servicios).

Caja de conversión el régimen cambiario está basado en un compromiso legislativo por el cual se debe cambiar la moneda nacional por una extranjera específica a un tipo de cambio determinado, para tal efecto, las autoridades emisoras aceptan ciertas restricciones que permitan cumplir con su obligación legal.

Ciclos económicos, ciclos comerciales o fluctuaciones cíclicas de la actividad económica a las oscilaciones recurrentes de la economía en las que una fase de expansión va seguida de otra de contracción, seguida a su vez de expansión y así sucesivamente.

Crisis financiera global: La crisis económica afecta en mayor o menor grado a todas las personas, incluyendo a las personas que inicialmente tienen una buena posición económica. Con la crisis económica muchas personas se quedan desempleadas, debido a que los empresarios no soportan el pago de los insumos conjuntamente con el pago de los salarios a los trabajadores de toda la plantilla.

Déficit fiscal es la diferencia negativa entre los ingresos y los egresos públicos en un cierto plazo determinado.

El concepto abarca tanto al sector público consolidado, como al sector público no financiero y al gobierno central.

Deflación, en economía, es la bajada **generalizada** y **prolongada** (como mínimo, dos semestres según el FMI) del nivel de precios de bienes y servicios. Suele responder a una caída en la demanda y puede tener consecuencias más negativas que la inflación.

Caída en el nivel general de precios (índice de inflación negativo).

Desinflación: Desaceleración de los precios.

Depresión es una forma de describir crisis económica que consiste en una gran disminución sostenida de producción y consumo, acompañada por altas tasas de desempleo y de quiebras empresariales.

Depreciación se refiere a una disminución periódica del valor de un bien material o inmaterial.

Devaluación es la pérdida del valor nominal de una moneda corriente frente a otras monedas extranjeras.

Divisa es un concepto de la ciencia económica que refiere a toda moneda extranjera, es decir, perteneciente a una soberanía monetaria distinta a la del país de origen.

Dumping: es la práctica comercial que consiste en vender un producto en el mercado exterior a un precio más bajo que el del interior con el fin inmediato de ir eliminando las empresas competidoras y apoderarse finalmente del mercado: el "dumping" está prohibido por el Acuerdo General sobre Aranceles Aduaneros y Comercio.

Estanflación: Combinación de inflación, crecimiento económico lento o estancamiento de la economía y alto desempleo.

Euro: (signo: €; código: EUR) es la moneda oficial de la Eurozona, que está conformada por 19 de los 28 países de la Unión Europea. El euro es la moneda oficial usada por las instituciones de la Unión E uropea. Además, circula también en por lo menos unos seis países mas. El euro lo han estado utilizando por lo menos unos 337 millones de europeos diariamente hasta el 2015.

FMI: Fondo Monetario Internacional: es una institución internacional que en la actualidad reúne a 189 países, y cuyo papel, según sus estatutos, es «fomentar la cooperación monetaria internacional; facilitar la expansión y el crecimiento equilibrado del comercio internacional; fomentar la estabilidad cambiaria; contribuir a establecer un sistema multilateral de pagos para las transacciones corrientes entre los países miembros y eliminar las restricciones cambiarias que dificulten la expansión del comercio mundial; infundir confianza a los países miembros poniendo a su disposición temporalmente y con las garantías adecuadas los recursos del Fondo, dándoles así oportunidad de que corrijan los desequilibrios de sus balanzas de pagos sin recurrir a medidas perniciosas para la prosperidad nacional o internacional, para acortar la duración y aminorar el desequilibrio de sus balanzas de pagos».

Globalización: es un proceso económico, tecnológico, político y cultural a escala planetaria que consiste en la creciente comunicación e interdependencia entre los distintos países del mundo uniendo sus mercados, sociedades y culturas, a través de una serie de transformaciones sociales, económicas y políticas que les dan un carácter global.

Hiperinflación: Espiral acelerada fuera de control de la inflación.

Inconvertibilidad de moneda: Cuando un país abandona el patrón oro, no puede transformarse más la moneda local en oro, que desde ese momento tiene el carácter de papel moneda inconvertible.

Inflación: se refiere a los aumentos en la cantidad de dinero en circulación. Se utilizaba para afirmar que la emisión de moneda había sido *inflada* artificialmente por encima de las reservas que la respaldaban.

Inflación, en economía, es el aumento generalizado y sostenido del precio de los bienes y servicios existentes en el mercado durante un período de tiempo, generalmente un año.

Mercado libre o libre mercado es el sistema en el que el precio de los bienes es acordado por el consentimiento entre los vendedores y los consumidores, mediante las leyes de la oferta y la demanda.

Marco de Integración Financiera: es el proceso mediante el cual los mercados financieros de un país participante más estrechamente de los mercados del resto del mundo.

Mercadeo es todo lo que se haga para promover una actividad, desde el momento que se concibe la idea, hasta el momento que los clientes comienzan a adquirir el producto o servicio en una base regular.

Moneda fraccionaria: Moneda metálica en que se dividen las monedas o billetes de mayor valor nominal.

Patrón oro es un sistema monetario que fija el valor de la unidad monetaria en términos de una determinada cantidad de oro. El emisor de la divisa garantiza que pueda dar al poseedor de sus billetes la cantidad de oro consignada en ellos. Una alternativa es el patrón bimetálico, en el que la moneda está respaldada por una parte de oro y otra de plata.

Política monetaria o **política financiera** es una rama de la política económica que usa la cantidad de dinero como variable para controlar y mantener la estabilidad económica.

Praxis: la acción de llevar a cabo el conjunto de actividades práctica, que realiza el ser humano. El concepto de 'praxis' suele contraponerse con el de 'teoría'

Producto interno bruto (**PIB**), conocido también como **producto interior bruto** o **producto bruto interno**(**PBI**), es una magnitud macroeconómica que expresa el valor monetario de la producción de bienes y servicios de demanda final de un país (o una región) durante un período determinado de tiempo (normalmente un año).

Recesión: Disminución de la actividad económica, generalmente pasajera, que a veces trae consigo un descenso de los beneficios empresariales y el empleo.

Recesión o Estado en recesión, en macroeconomía, es la disminución o pérdida generalizada de la actividad económica de un país o región, medida a través de la bajada, en tasa anual, del Producto Interior Bruto (PIB) real, durante un periodo suficientemente prolongado.

Reflación: Intento de elevar el nivel general de precios para contrarrestar las presiones deflacionarias.

Remesas: son fondos que los emigrantes envían a su país de origen, normalmente a sus familiares.

Sistema Financiero Internacional está compuesto por múltiples instituciones encargadas de regular sectores del sistema financiero, a través de sus normas o recomendaciones, o, en su caso, proporcionar financiación a países y empresas.Por ejemplo FMI, BID, Banco Mundial etc.

Superávit económico se refiere a la diferencia de los ingresos sobre los gastos (egresos) en una organización durante un período determinado.

Stock es un término de la lengua inglesa que, en nuestro idioma, se refiere a la cantidad de bienes o productos que dispone una organización o un individuo en un determinado momento para el cumplimiento de ciertos objetivos.

Volatilidad Financiera: es una medida de la frecuencia e intensidad de los cambios del precio de un activo con respecto de un valor medio de referencia en un horizonte temporal específico.

Volatilidad de los precios: Medida de la oscilación con respecto de un valor medio de referencia. Es la desviación típica del porcentaje de variación diario de los valores correspondientes al último año.

Yen, *yen* es la unidad monetaria utilizada en Japón y la tercera moneda más valorada en el mercado de divisas después del dólar estadounidense y el ero.

Yuan o renminbi: literalmente «moneda del pueblo») es la moneda de curso legal de la República Popular China y es emitida por el Banco Popular Chino. El **yuan** es la unidad básica del renminbi, nombre por el que también se conoce a la moneda.

Bibliografía

Informe del Consejo Mundial del Oro (Word Gold Council), agosto 2015. https://actualidad.rt.com/economia/182383-paises-mayores-reservas-oro http://www.diariolibre.com/noticias/los-dominicanos-en-ee-uu-septiembre 2015.

FMI: http://www.imf.org/external/lindex.htm

Aurora Trigo Catalina: Estructura Económica y Estrategias de Desarrollo e Integración en América Latina; Módulo 1 Tema 4: Disponible en Internet. http/www.iued.uned.es/usuarios/copedesa/mod-1/tem-04/index.html.

Banco Central de la Republica Dominicana: Informe de la Economía Dominicana Enero – Septiembre 2014.

Banco Central de la Republica Dominicana: Anteproyecto de Ley Monetaria y Financiera (Versión Preliminar) Febrero 2002.

Banco Interamericano de Desarrollo. Special Report: Overcoming Volatility. En Latin America: economic and Social Progress. Washington DC. 1985.

Baliño, Tomas J., Adam Bennet, y Eduardo Borensztein. 1999, Monetary Policy in Dollarized Economics. Occasional Paper 171. Washington: Fondo Monetario Internacional.

Banco Mundial. 1999. World Development Indicators on CD-ROM. Washington: Banco Mundial.

Bogetic, Zelijko. 1999. Official or Full Dollarization: Recent Issues and Experiences. Documento no publicado, Fondo Monetario Internacional, 9 de junio. http://users.erols.com/kurrency/bogdllr.htm

Banco Central de la República Argentina. "Tratado de asociación monetaria. Profundizar la convertibilidad: Un camino hacia la Unión Monetaria Americana." 21 de enero. 1999.

Brea S. Humberto, Dávalos P. María, Santos E. Indhira, La Dolarización Evaluación Teórica y Práctica. Pontificia Universidad Católica Madre y Maestra, Proyecto para el Apoyo a Iniciativas Democráticas Reformas Económicas y Sociales, Centro de Investigación Económica de las Antillas. PUCMM-PID-RES-USAID-CENANTILLAS. Julio 2001. Santo Domingo, R.D.

Brito, G. Cristóbal R., La Dolarización de la Economía Dominicana: Viabilidad, Conveniencia y Efectos Económicos, Sociales y Políticos. Conferencia en Universidad Iberoamericana, 15-04-1999. Santo Domingo, República Dominicana.

Carlos E. Carrión R. Consideraciones de la Dolarización en Latinoamérica Producto del Proceso de Dolarización en el Ecuador, Facultad de Ciencias Jurídicas y Políticas, Universidad Católica Santo Domingo, Santo Domingo, República Dominicana, 2000.

Carmen Carvajal. La banca dominicana avanza hacia la dolarización. Economía Hoy. Octubre 2001. Santo Domingo.

CEPAL El papel de las Cancillerías Latinoamericanas en la Promoción y Desarrollo de las Relaciones Comerciales entre América Latina y la Unión Europea. Santiago de Chile, mayo, 1995. LC/R. 1527.

Calvo, Guillermo A., y Carlos Vegh. "From Currency Substitution to Dollarization and Beyond: Analytical and Policy Issues." En Money, Exchange Rates, and Output. Mit. Press. Cambridge, Massachusetts: 1996.

Caprio, Gerard, Jr., y Daniela Klingebiel. 1996. "Bank Insolvency: Bad Luck, Bad Policy, or Bad Banking?" Michael Bruno Pleskovic, editors, Annual World Bank Conference on Development Economics, pp. 79-114. Washington: Banco Mundial.

Caprio, Gerard, Jr., y Daniela Klingebiel. 1996. "Bank Insolvencies: Cross-Country Experience." Banco Mundial, Policy Research Working Paper 1620, Julio.

Castro, Jorge. 1999. "Global Currencies as a Central Contemporary Trend: Basis of the Dollarization Strategy and a Treaty of Monetary Association." Documento de trabajo presentado al Secretario de Estado de Planificación Estratégica. Dr. Jorge Castro, al Gabinete Presidencia de la Republica Argentina en abril 15 de 1999. Traducción no oficial. Buenos Aires: Presidencia de la Nación. Secretaria de Planeamiento Estratégico.

Chronicle "El Salvador: Government Proposes Drastic Economic Reforms to Facilitate Integration into the Global Economy." Chronicle of Latin American Affairs, 18 de mayo1995. (Latin American Institute, University of New Mexico.)

Cordero, José. 1999. La Segunda Muerte de Sucre. Guayaquil: Instituto Ecuatoriano de Economía Política.

De Grauwe, Paul. The Economics of Monetary Integration, 3ª. Edition. Oxford: Oxford University Press. 1997.

Dolarización y Tasa de Interés. Fundación Economía y Desarrollo, Inc. Diciembre, 2001.

Aman Zade Frederick, Duchare, Andrés. El Dólar ¿Recome? Entrevistas realizadas por el Listín Diario, mayo 2001 Sección El Dinero. Santo Domingo, República Dominicana.

Expertos recomiendan cautela en dolarización de la economía de RD. Conversatorio Fundación Global Democracia y Desarrollo. Claves del mundo. Julio 2001

El Comercio, periódico de mayor circulación ecuatoriano. Sección Económica y temas sobre la dolarización, así como en su revista Líderes. Internet: www.elcomercio.com.ec

El Universo, el mayor periódico del puerto principal Guayaquil, en su sección Economía y relatos de editores: Lic. Goyce de Ginatta, Ec. Walter Spurrier. ww.eluniverso.com.ec

Edwards, S. América Latina y el Caribe: Diez años después de la crisis de la deuda.

Banco Mundial, Washington, 1993

Estados Unidos. Congreso de los Estados Unidos. Senate Committee on Banking, Housing and Urban Affairs. Subcommittee on Economic Policy and Subcommittee on International Trade and Finance. Hearing on Official Dollarization in Emerging-Market Countries," April, 1999. Disponible en Internet.

Fischer, Stanley. "Seigniorage and the Case for a National Money." Journal of Political Economy, v. 90, no.2, Abril, 1982 pp. 295-313.

FMI. 1998. Fondo Monetario Internacional. Exchange Arrangements and Exchange Restrictions (annual). Washington: Fondo Monetario Internacional.

FMI. 1999. Fondo Monetario Internacional. "IMF Economic Forum. Dollarization: Fad or Future for Latin América?" Transcripciones disponibles en Internet: http//www.imf.org/exter-nal/np/tr/1999/TR000624.HTM

Frankel, Jeffrey. "The International Financial Architecture." Broo-kings Institution Policy Brief 51, junio, 1999. Disponible en Internet.

García Menéndez, J. Política economica y deuda externa en Amé-rica Latina.

Universidad Santiago de Compostela e Iepala. Editorial, Madrid. 1989

Humberto A. Brea S., María E. Dávalos P., Indira V. Santos E. La Dolarización: Evaluación Teórica y Práctica. Pontificia Uni-versidad Católica Madre y Maestra. Santo Domingo, Repú-blica Dominicana. Julio 2001.

Hanke, Steve H. and Kurt Schuler. 1999. "A Monetary Constitu-tion for Argentina: Rules for Dollarization." Cato Journal, v. 18, no. 3, invierno, pp. 405-19. Disponible en Internet.

Hausmann, Ricardo, Michael Gavin, Carmen Pages-Serra y Er-nesto Stein. 1999. "Financial Turmoil and the Choice of Ex-change Rate Regime.

Banco Interamericano de desarrollo. Disponible en Interne http://www.iadb.org/oce/PDF/Financial_Turmoil.pdf

Ingram, James C. 1962. Regional Payments Mechanisms: The Case of Puerto Rico. Chapel Hill, North Carolina: University of North Carolina Press.

Joint Economic Committee. 1999. Congreso de los Estados Unidos. Comité de Asuntos Económicos. Oficinal del Pre-sidente. "Encouraging Oficial Dollarization in Emerging Markets."(Promoviendo la Dolarización Oficial en los Merca-dos Emergentes).Disponible en www.senate.gov.jec.dllrlespr. html

Linares Héctor. "Piantini Afirma que Dolarización Eliminaría los Nuevos Impuestos". Artículo Especial para El Dinero, periódico El Listín Diario, marzo 2004. Santo Domingo.

Marco P. Naranjo Chiriboga. Del Patrón Oro a la Dolarización en el Ecuador, Centro de Publicaciones PUCE, Quito – Ecuador.

Margaret Popper. ¿Hay que tener cuidado con el dólar que baja? ¿O no es tan importante? Business Week Hoy. Septiembre 2001. Santo Domingo

Mizen, Paul y Eric J. Pentecost, editors. 1996. The Macroeconomics of International Currencies.

Moreno-Villalaz, Juan Luis. 1998. "Cost of Using the Dollar as Currency." Documento no publicado, Ministerio de Planificación, Panamá. Disponible en Internet: http://www.sinfo.net/junaluismoreno

Moreno, Juan Luis. 1997. La Experiencia Monetaria de Panamá: Lecciones de una Economía Dolarizada, con una Banca Internacional, Ciudad de Panamá. Banco Nacional de Panamá. 1997. Disponible en Internet: http://www.cato.org/pubs/journal/cj18n3/cj18n3-12.pdf.

Paredes, Pablo Lucio. El Libro de la Dolarización. Trama. Ecuador 2000.

Piantini M., Luis M. Respuestas a algunas Inquietudes sobre la Dolarización. Publicación especial para Economia del Periódico HOY, junio 2004. Santo Domingo.

Pimentel, Alerso. Dolarización de la Economía Dominicana. Conferencia CELP, 2003. Santo Domingo, República Dominicana.

Prebisch, R. El patrón oro y la vulnerabilidad económica de nuestros países. El Colegio de México, México, s/a.

Revista. 1992. Revista de Análisis Económico. Publicación especial sobre: Convertibilidad y sustitución de la moneda. V. 7, no. 1, junio.

Reyes, Giovanni E. Síntesis de la Historia Económica de América Latina 1960 – 2000. Magazine DHIAL. Edition N0. 11 University of Pittsburgh.

Disponible en Internet http://www.iigov/dhial/dh11_07.htm

Riley, Elizabeth. Ventajas y Desventajas de la Dolarización. Publicación de la Fundación Economía y Desarrollo, Inc. Sección Económico del Periódico Listín Diario, junio 2004. Santo Domingo, República Dominicana.

Rubli, F. Algunas Reflexiones en torno al debate sobre la Dolarización. Boletín del CEMLA, México, noviembre-diciembre 1999.

Sabino, Carlos. El proceso de investigación, 2da. Edición. Editorial Alfa & Omega, República Dominicana 1992, paginas 49-52.

Sahay, R. Y C. Végh. La dolarización en las economías en transición. Finanzas y Desarrollo, Bogotá, marzo 1995.

Senador Connie Mack. Reporte del Comité de Asuntos Económicos del Congreso de los Estados Unidos (Joint Economic Committee). Presidencia del Comité, Washington, DC, Julio 1999.

Sebastian Edwards: Is Dollarization a Real Policy Option? Presentación a la Asociación Nacional de Jóvenes Empresarios, Santo Domingo, República Dominicana. Mayo 2003.

Steve H. Hanke. Para resolver la crisis Bancaria y restaurar el crecimiento de RD. Periódico Hoy Sección Economía. Primera parte. Julio 2004.

Steve H. Hanke. Para resolver la crisis Bancaria y restaurar el crecimiento de RD. Periódico Hoy Sección Economía. Segunda parte. Julio 2004.

Schuler, Kurt. 1996. Should Developing Countries Have Central Banks? Currency Quality and Monetary Systems in 155 Countries. London: Institute of Economic Affairs. Versión española ¿Deberían los Países en Desarrollo Tener Bancos Centrales? Estudio Comparativo de 155 Países. Traducción de Julio Cole. Monterrey: Centro de Estudios en Economía y Educación. 1998.

Shigeo, H. El Patrón Oro Internacional y el Sistema Multilateral de Créditos y Pagos en: El Fondo Monetario Internacional, Bosch, Casa Editorial, Barcelona, 1996.

Stein, Robert. 1999. "Issues Regarding Dollarization." Congreso de los Estados Unidos. Comité de la Banca del Senado (Senate Committee on Banking, Housing and Urban Affairs, Subcommittee on Economic Policy), Julio.

Talavera, Pedro. El Comercio Exterior y las Políticas Comerciales en los Países Subdesarrollados. Comercio Exterior y Economía Internacional. UB.

Tricks, Henry. 1999. "Mexico May Face Dollar Peg Pressure." Financial Times, 1 de febrero, p. 3.

U.S. Central Intelligence Agency. CIA World Fact Book. 1998. http://www.odci.gov/cia/publications/factbook/ index.html

Vistazo, la principal revista de opinión sobre los asuntos ecuatorianos, en los casos de la debacle bancaria, derrocamiento del gobierno del Dr. Mahuad, dolarización, opiniones de expertos en socio-economía. www.vistazo.com.ec

Vittorio. Problemas, Teoría del Desarrollo y Estrategias en América Latina. Estudios Públicos, 32,1988.

Contenido

argos